essentials liefern aktuelles Wissen in konzentrierter Form. Die Essenz dessen, worauf es als „State-of-the-Art" in der gegenwärtigen Fachdiskussion oder in der Praxis ankommt. *essentials* informieren schnell, unkompliziert und verständlich

- als Einführung in ein aktuelles Thema aus Ihrem Fachgebiet;
- als Einstieg in ein für Sie noch unbekanntes Themenfeld;
- als Einblick, um zum Thema mitreden zu können;

Die Bücher in elektronischer und gedruckter Form bringen das Expertenwissen von Springer-Fachautoren kompakt zur Darstellung. Sie sind besonders für die Nutzung als eBook auf Tablet-PCs, eBook-Readern und Smartphones geeignet. *essentials:* Wissensbausteine aus den Wirtschafts-, Sozial- und Geisteswissenschaften, aus Technik und Naturwissenschaften sowie aus Medizin, Psychologie und Gesundheitsberufen. Von renommierten Autoren aller Springer-Verlagsmarken.

Weitere Bände in der Reihe http://www.springer.com/series/13088

Wie Organisationen erfolgreich agil werden

Joachim Hasebrook · Stefan Kirmße · Martin Fürst

Hinweise zur erfolgreichen Umsetzung in Zusammenarbeit und Strategie

Joachim Hasebrook
zeb.business school
Steinbeis-Hochschule Berlin
Münster, Deutschland

Stefan Kirmße
zeb.rolfes.schierenbeck associates GmbH
Münster, Deutschland

Martin Fürst
zeb.rolfes.schierenbeck associates GmbH
Frankfurt am Main, Deutschland

ISSN 2197-6708   ISSN 2197-6716   (electronic)
essentials
ISBN 978-3-658-26809-1   ISBN 978-3-658-26810-7   (eBook)
https://doi.org/10.1007/978-3-658-26810-7

Die Deutsche Nationalbibliothek verzeichnet diese Publikation in der Deutschen Nationalbibliografie; detaillierte bibliografische Daten sind im Internet über http://dnb.d-nb.de abrufbar.

Springer ist ein Imprint der eingetragenen Gesellschaft Springer Fachmedien Wiesbaden GmbH und ist ein Teil von Springer Nature
Die Anschrift der Gesellschaft ist: Abraham-Lincoln-Str. 46, 65189 Wiesbaden, Germany

Was Sie in diesem *essential* finden

Auf der Basis eigener Forschung und umfangreicher Projekterfahrungen zeigen wir,

- für welche Unternehmensbereiche und Aufgaben Agilität geeignet ist und für welche nicht,
- welcher nachweisbarer Nutzen und welche Risiken durch Agilität entstehen
- und wie der Weg zur agilen Organisation agil und erfolgreich gegangen werden kann.

Wir erklären,

- warum agile Organisationen erfolgreicher sind als weniger agile,
- wann sich mehr Agilität lohnt und wann nicht,
- wie Organisationen zu agilen Netzwerkorganisationen werden können,
- welche neuen Rollen und Kompetenzen Mitarbeiter und Führungskräfte brauchen
- und wodurch agile Organisationen ihre Anpassungs- und Leistungsfähigkeit dauerhaft erhöhen.

Viele Unternehmen haben „Agilität", „Design Thinking", „Rapid Prototyping" oder Scrum als agile Methoden in ihren Arbeitsalltag integriert. Doch Viele stellen fest, dass neue Ideen und Entwicklungsvorsprünge durch agile Arbeit von starren Organisationsstrukturen sowie Ziel- und Anreizsystemen ausgebremst werden. Oft fühlen sich Führungskräfte nach anfänglicher Begeisterung durch agile Zusammenarbeit überfordert und Teams werden frustriert. Das liegt daran, dass Agilität nur dann funktioniert, wenn zur agilen Zusammenarbeit auch agile Organisationsstrukturen und agile Unternehmensstrategien hinzukommen.

Inhaltsverzeichnis

Was ist „agil"? Vom Skiressort zum Hundetraining

1

Was sollten Sie mitnehmen?
- Immer schnellere Veränderungen am Markt erfordern fundamental andere Organisationsformen und nicht einfach eine Verbesserung der herkömmlichen, mehr oder weniger hierarchischen Organisationen.
- Die Fähigkeit der Organisation, mit Komplexität umzugehen und schnell die erforderlichen Ressourcen zusammenzubringen, ist der Schlüssel zum Erfolg – Mitarbeiterengagement und -kompetenzen bilden die Grundlage dafür.
- Agile Organisationen orientieren sich an Sinnstiftung, Selbstführung und Ganzheit – und bilden diese Prinzipien durchgängig in Struktur, Führung, Management, IT sowie Arbeitsumgebung ab.

Die Zahlen sind wohlbekannt: Das Auto brauchte nach seiner Einführung 62 Jahre bis zum 50 Millionsten Nutzer, Mobiltelefone 12 Jahre, Facebook 3 Jahre und das Spiel Pokémon Go nur 19 Tage: Marktzyklen verkürzen sich, Ansprüche und Interessen der Kundschaft wandeln sich immer schneller. Vor diesem Hintergrund hatte der Vorstand einer großen Sparkasse alle seine Führungskräfte versammelt und ankündigt, dass die bisher eher starre, hierarchische Organisation von einer agilen, vernetzten und selbstverantwortlich arbeitenden Organisation abgelöst werden soll. Wichtigster Einwand der Führungskräfte war, dass eine funktionierende Organisation schon wegen der vielen gesetzlichen Vorschriften nicht allzu viel Veränderung vertrage und klare Verantwortung brauche. Die Antwort des für das Risikomanagement zuständigen Vorstands lautete: „Es gibt kein Gesetz, dass Entscheidungen über fünf Hierarchieebenen gehen und drei Monate dauern müssen." Oft sind es gerade die selbst gesetzten Grenzen, die eine Organisation einengen.

© Springer Fachmedien Wiesbaden GmbH, ein Teil von Springer Nature 2019
J. Hasebrook et al., *Wie Organisationen erfolgreich agil werden*, essentials,
https://doi.org/10.1007/978-3-658-26810-7_1

Manchmal sind es aber nicht selbst gesetzte Einengungen, sondern zu viele Vorhaben, die ein Fortkommen behindern: In einem Unternehmen, das in der Umsetzung seiner Strategie nicht vorankam, zählten wir nicht weniger als 47 „Strategieprojekte". Im Versuch sich immer besser an den Markt anzupassen und alle Markttrends aufzunehmen, hatte sich das Unternehmen verzettelt und konnte seine bisherigen Kräfte nicht mehr bündeln. Es scheint kaum mehr möglich, ein Unternehmen zugleich auf Kernkompetenzen zu fokussieren und schnell an Marktänderungen anzupassen. Was heutzutage alle Abteilungen nahezu aller Unternehmen beschäftigt, traf durch die rasante technische Entwicklung vor rund 20 Jahren zuerst die IT-Entwicklung.

Geplagt von ständigem Zeit- und Kostendruck sowie dem Unverständnis des Managements für die Komplexität und Kreativität der Softwareentwicklung, trafen sich im Februar 2001 siebzehn Programmierer, die sich selbst als „Organisationsanarchisten" bezeichneten, in einer Skihütte in Utah mit dem schönen Namen „Snowbird". Zu ihrer eigenen Überraschung einigten sich diese siebzehn Personen, die sich über „Leichtgewicht-Methoden" (engl. *lightweight methods*) der Programmierung austauschen wollten, auf ein Manifest. Dieses „Agile Manifest" war kurz, prägnant und bezog sich weniger auf eine bestimmte Methode, sondern auf eine neue Art der Zusammenarbeit im Unternehmen und mit den Kunden[1]:

Wir erschließen bessere Wege, Software zu entwickeln, indem wir es selbst tun und anderen dabei helfen. Durch diese Tätigkeit haben wir diese Werte zu schätzen gelernt:

Individuen und Interaktionen	mehr als Prozesse und Werkzeuge
Funktionierende Software	mehr als umfassende Dokumentation
Zusammenarbeit mit dem Kunden	mehr als Vertragsverhandlung
Reagieren auf Veränderung	mehr als das Befolgen eines Plans

Das heißt, obwohl wir die Werte auf der rechten Seite wichtig finden, schätzen wir die Werte auf der linken Seite höher ein.

Die Geschichte dieses Manifests und der Gruppe, die es geschrieben hat, ist erstaunlich: Das Manifest wurde von anderen Softwareentwicklern weltweit gelesen und vielfach unterstützt, sodass Mitglieder der Gruppe die „Agile

---

[1]Zitiert nach der Website zum „Agilen Manifest" unter https://agilemanifesto.org/iso/de/manifesto.html (abgerufen am 15.02.2019).

Alliance" gründeten, die heute über 60.000 Mitgliedern in fast allen Ländern der Welt hat und Konferenzen z. B. in den USA, Kanada, Brasilien, Polen und Deutschland durchführt.

1.1 Organisation, Team, Mensch: Treiber und Treibstoff

Dieser Erfolg beruht nicht auf einer bestimmten Methode, denn viele der auch heute gängigen „agilen" Entwicklungsmethoden, wie Extreme Programming und Scrum, gab es 2001 schon – auch wenn sie noch nicht so flächendeckend eingesetzt wurden wie heute. Der Erfolg beruhte auch nicht auf der durchschlagenden wirtschaftlichen Wirkung, denn die musste sich erst noch erweisen. Im Gegenteil: Das Management war über den scheinbaren Verlust an Planbarkeit und Steuerbarkeit gar nicht glücklich und stellte sich den neuen agilen Methoden der Zusammenarbeit von Programmierern und ihren Kunden eher in den Weg.

Der Grund für den Erfolg war und ist, dass immer komplexer werdende Projekte und sich immer schneller ändernde Anforderungen der Kunden nicht durch immer kompliziertere Pläne und mehr Kontrolle beherrschen lassen: Das bürokratische Organisationsmodell und der tayloristische Ansatz der Arbeitsteilung sind vom Erfolgs- zum Auslaufmodell geworden. Schon in den 1990er Jahren wurden die Softwareprojekte immer größer, und ein Großteil der Projekte wurde nur mit sehr viel höherem Aufwand fertiggestellt oder erfolglos abgebrochen. Programmierer orientierten sich in ihrer Entwicklungsarbeiten zunehmend an Hochleistungsteams – gerade auch aus dem Sport. So kam auch die Arbeitsmethode Scrum zu ihrem Namen: Von dem „Gedränge" (engl. *scrum*) der Rugby-Spieler, wenn nach einem Aus oder Foul das Spiel neu gestartet wird.

Doch was für einzelne Teams galt, galt zunehmend auch für Organisationen: Diese wurden nicht mehr als „Maschinen" oder „Regelwerk" gesehen, sondern als Netzwerke von Beziehungen und Organismen (Übersicht in Bea und Göbel 2010). Heute werden daher vielfach Begriffe aus der Ethnologie verwendet wie Trupp *(Squad)* oder Stamm *(Tribe;* vgl. Braun und Kramer 2018).

Doch wie hängt die Leistungsfähigkeit eines Unternehmens von den Kompetenzen und Fähigkeiten seiner Mitarbeiter ab? Die Antwort ist zunächst verblüffend: Es gibt keinen direkten Zusammenhang zwischen den Kompetenzen, dem Engagement der Mitarbeiterschaft und dem Innovations- und Geschäftserfolg (vgl. Abb. 1.1; Hasebrook et al. 2011). In einem vom Bundesministerium für Bildung und Forschung (BMBF) geförderten Projekt zur Untersuchung von Innovationsstrategien jenseits des klassischen Managements fanden wir heraus,

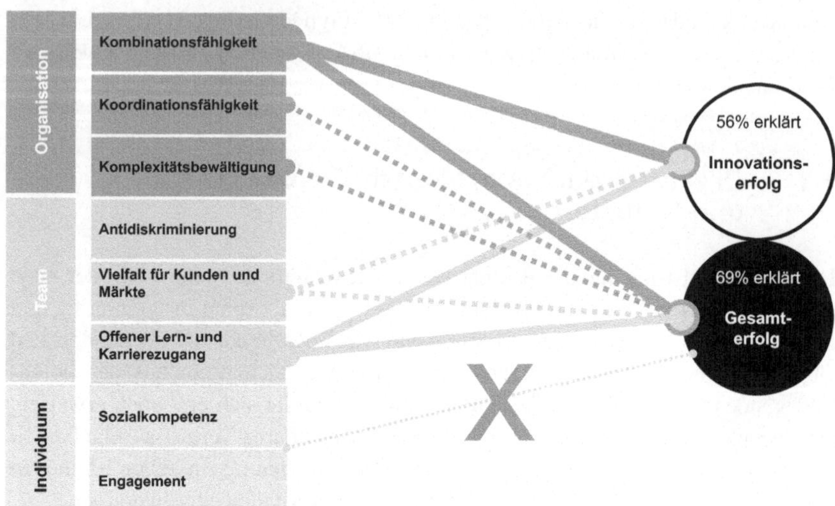

Abb. 1.1 Zusammenhang von Organisations-, Team- und Individualkompetenzen mit dem Innovations- und Geschäftserfolg. (nach Hasebrook et al. 2018, S. 7)

dass der Innovationserfolg vor allem von der Fähigkeit der Unternehmen profitiert, relevante Ressourcen zu kombinieren sowie Aufgaben und Tätigkeiten zu koordinieren. Die Teamkompetenz hat dann einen messbaren Einfluss auf den Gesamterfolg des Unternehmens, wenn alle Mitarbeiterinnen und Mitarbeiter unabhängig von ihren jeweiligen Voraussetzungen, Abteilungen und Hierarchiestufen fairen Zugang zu Karrierechancen und Unternehmensressourcen bei der Umsetzung ihrer Ideen haben. Kompetenz und Engagement der Mitarbeiter ist „Treibstoff, nicht Treiber des Erfolgs", denn: Für bestimmte Aufgaben sind zwar bestimmte Kompetenzen erfolgsentscheidend, es gibt aber nicht „die eine" Erfolgskompetenz.

1.2   Die neu erfundene Organisation

Agilität sichert aber keineswegs die Werte, die dem Agilen Manifest zugrunde liegen. Tippt man in Deutschland „Agility" in eine Suchmaschine ein, landet man zumeist nicht bei menschenfreundlichen und anpassungsfähigen Formen der Zusammenarbeit, sondern bei Angeboten für Hundetrainings. Agilität, d. h.

Geschicklichkeit und Wendigkeit von Hunden, wurde erstmals 1977 während einer Hundeschau in London vorgeführt, als ein reitsportbegeisterter Mitorganisator der Schau für seinen Hund einen Parkour ähnlich dem Springreiten im Pferdesport aufbaute. Heute gehören Angebote wie „Longieren", Tricktraining wie „Dog Dance" und Gehorsam in unwegsamem Gelände, Rally Obedience genannt, dazu. Das Laufenlassen „an der langen Leine", Einüben von Tricks und Einfordern von Gehorsam in schwierigen Situationen sind in Unternehmen ebenfalls nicht unbekannt. Tatsächlich beruht aber „Agilität" in Organisationen wie auch im Hundetraining auf Achtsamkeit, Reaktionsfähigkeit und Schnelligkeit, Fähigkeit und Geschick – und vor allem auf Teamarbeit.

Darum wird heute nicht nur eine Verbesserung bestehender Organisationsformen, sondern ein fundamentaler Wandel des Verständnisses, was eine Organisation ist und was sie leisten soll, verlangt. Während Unternehmensgründer ihre Firmen als Patriarchen im Stil „Command & Control" aufbauten (und es noch heute tun), haben ganze Generationen von angestellten Managern und „Geschäftsverwaltern" (daher heißt es ja „Business Administration") die impulsive Form des Managements durch Firmenpatriarchen nach und nach durch leistungsfähigere und strukturiertere Organisationen ersetzt. Doch rufen viele nach einem radikalen Wandel statt nur nach weiterer Strukturierung: Eine der bekanntesten Stimmen ist die von Frederic Laloux mit seinem Buch *Reinventing Organizations* (Neuerfindung der Organisation 2016), der Sinnstiftung, Selbstführung und Ganzheit als Grundlagen einer agilen Organisation ansieht (vgl. Abb. 1.2).

Abb. 1.2 Abbildung Unternehmenstypen nach F. Laloux (2016, eigene Darstellung)

**Beispiel: Von der Eisscholle zum Festland: mit Agilität besser werden –
Vorüberlegungen des Vorstandes**

Um eine eher starre, hierarchische Organisation durch eine agile, vernetzte
und selbstverantwortlich arbeitende Organisation abzulösen, ist ein klares und
einheitliches Management Einverständnis sowie vorbehaltlose Unterstützung
des Top-Managements ein zentraler Erfolgsfaktor und steht am Anfang der
tiefgreifenden Transformation. Veränderungen lösen immer auch Ängste aus.
Um diesen frühzeitig begegnen zu können, muss ein gemeinsames Verständnis
für das „Warum", den sogenannten „Reason Why", hergestellt werden.

Ein solches Verständnis könnte z. B. so formuliert werden:

„Um uns herum ist ein neues Zeitalter angebrochen: das Zeitalter der digitalen Transformation. Die damit einhergehende Veränderungsgeschwindigkeit
bei sich gleichzeitig ändernden Kundenbedürfnissen/-erwartungen stellt ganze
Branchen vor große Herausforderungen bzw. verändert diese bereits massiv
(siehe Amazon, Netflix, AirBnB, Uber & Co.).

Genau vor diesen Herausforderungen stehen auch die Finanzbranche und
ihre Unternehmen. Kunden übertragen ihre Erlebnisse bei den digitalen Vor-
reitern auf das Banking und stellen einen ebenso hohen Anspruch an Conve-
nience, Erreichbarkeit, Flexibilität sowie letztlich Kundenzentrierung und
-begeisterung. Hinzu kommt der sich verschärfende Wettbewerb durch digitale Anbieter (z. B. Paypal, ApplePay) und neue innovative Wettbewerber
(FinTechs). Als traditioneller Finanzdienstleister steht man sinnbildlich
gesprochen also auf einer „Eisscholle", welche in Zeiten des Klimawandels
schmilzt. Die Banken müssen sich durch geschicktes Manövrieren auf das
Festland retten, um sich auch dort weiterzuentwickeln und anzupassen."

Die „Change Story" lautet in diesem Fall also: „Von der Eisscholle auf
das Festland". Darin sind die gesamten Entwicklungen eingebettet: Von der
anfänglichen reinen Automatisierung von Prozessen über die Neugestaltung
von Filialen und Gebäuden bis hin zur hier beschriebenen Transformation zur
agilen Organisation.

Das Verständnis für die skizzierten Einflussfaktoren einer sich u. a. durch
Digitalisierung ändernden Welt, die auch auf ein Traditionsunternehmen
zukommen, ist essenziell. Erst dadurch werden Menschen verstehen, warum
auch sie sich außerhalb ihrer Komfortzone bewegen und anpassen müssen und
warum es eben auch in einer Sparkasse nicht mehr so weiter gehen kann wie
im letzten Jahrhundert.

Die darauffolgend für das Unternehmen zu beantwortenden Fragen waren: Warum wollen wir agil werden? Wie wollen wir agile Organisation werden? Und:

Warum das Unternehmen agil werden will
Um den Veränderungen des Marktumfelds und vor allem den veränderten Bedürfnissen der Kunden gerecht werden zu können, müssen sich auch Organisationen entsprechend verändern. Die Vergangenheit hat dabei gezeigt, dass man mit den Werkzeugen von gestern nicht die Probleme von morgen lösen kann. Stattdessen soll sich die künftige Organisation im Verständnis des Vorstandes auf echte Mehrwerte für den Kunden fokussieren, sich zügig auf neue Rahmenbedingungen einstellen, Arbeitsabläufe schnell und unkompliziert auf neue Produkte oder an digitale Lösungen anpassen und Aufgaben flexibel von links nach rechts verlagern können. Genau dieser Anspruch kann auch mit dem Wort agil beschrieben werden. Agilität also als die Fähigkeit von Individuen, Teams und Organisationen, in Zeiten der Unsicherheit und des Wandels, kundenzentriert, eigenverantwortlich und flexibel agieren zu können.

Wie die Organisation agil werden soll
Um dies zu erreichen, soll die „Lähmung" durch bestehende „Zäune" in Form von Bürokratie, Bereichsegoismen oder Hierarchien eingerissen und das vorhandene Potenzial jedes Einzelnen effektiv genutzt werden. Ziel ist die übergreifende Zusammenarbeit auf Augenhöhe, Eigenverantwortung aller Mitarbeiter, Mut zur Veränderung und dabei immer den Kunden in den Mittelpunkt zu stellen.

Im Ergebnis soll dadurch nicht nur die generelle Anpassungsfähigkeit, sondern auch die Anpassungsgeschwindigkeit verbessert werden, als Voraussetzung für den dauerhaften Erhalt der Wettbewerbsfähigkeit in einem dynamischen Umfeld und einer ungewissen Zukunft.

Einigkeit bestand in diesem Zusammenhang darüber, dass diese Anpassungen in Teilen auch das gesamte aktuelle Geschäftsmodell betreffen und zu einem veränderten Leistungsportfolio führen. Innovation und Ökosysteme sind hier nur zwei Stichworte.

Was Agilität für das Unternehmen bedeutet
Neben der Grundstoßrichtung „agile Organisation" galt es auch, die Art der Zusammenarbeit und Organisation zu konkretisieren.

Kernbotschaft ist, dass Führung und Teamarbeit in Zukunft nur noch auf Augenhöhe erfolgen und dass der Erfolg der agilen Organisation auf

Teamebene entschieden wird. Die agile Organisation geht daher auch für den Vorstand mit einem Kontrollverlust einher – insbesondere auf individueller Ebene.

Schon bei den übergreifenden Überlegungen wird deutlich, dass Agilität also viel mehr eine Einstellungs-/Mindset-, also Kulturfrage, als eine Frage nach Methoden wie Scrum & Co. ist.

Aufgrund dessen wurde vor der Einbindung der Mitarbeiter der „kulturelle Rahmen" für die Transformation und die künftige agile Organisation abgesteckt. Die sogenannten Leitgedanken und Umsetzungsprinzipien des Vorstandes fokussieren sich dabei auf neun kulturelle Dimensionen, deren praktische Ausgestaltung letztlich Organisationen prägen und zu dem machen was sie sind bzw. wie sie funktionieren.

Die zugrundeliegenden Dimensionen sind: Kundenorientierung, Veränderung, Führung, Teamarbeit, Kooperation, Kommunikation, Innovation, Verbesserungskultur und Leistung.

Am Anfang steht im konkreten Beispiel, wie auch in den agilen Werten vorgesehen, das Thema der echten Kundenorientierung. Ziel der Dimension ist, das Handeln grundsätzlich auf den Kunden und dessen Bedürfnisse auszurichten und entsprechend Prozesse und das Produktportfolio aus Kundensicht zu konstruieren und zu optimieren. Hierbei spielt natürlich auch die regelmäßige Einholung von Kundenfeedback sowie die Ableitung von Verbesserungen eine wesentliche Rolle.

Nicht nur deswegen ist auch das Thema einer Veränderungskultur wichtig. In einer Welt in der Unbeständigkeit, Unsicherheit, Komplexität und Mehrdeutigkeit ständig zunehmen, müssen Veränderungen als positiver Normalzustand verstanden werden. Ständige Anpassungsfähigkeit durch ein entsprechendes Mindset und flexible Strukturen sollen die agile Organisation prägen. Natürlich wird es bei aller Anpassungsfähigkeit auch zu Fehlern oder Scheitern bei einzelnen Experimenten kommen. Hierbei sind Fehler als Teil einer Verbesserung zu verstehen (Fehler- wird zu Verbesserungskultur), auf deren Basis neue Lösungen erarbeitet werden. Durch die Berücksichtigung der Kreativität aller sollen zudem Innovationen entstehen.

Insgesamt soll den Mitarbeitern in ihren Teams möglichst viel Freiraum für Verantwortung und eigene Entscheidungen gegeben werden. Teams sind dabei als selbstorganisierte und eigenverantwortliche Einheiten zu verstehen, die gemeinsam und auf Augenhöhe (auch kooperierend über die Teamgrenzen hinaus) an der Lösung gemeinsamer Probleme arbeiten. Die Kooperation endet dabei nicht an der Unternehmensgrenze, sondern geht darüber hinaus und unterstützt den Aufbau von Ökosystemen. Aber was ist mit den heutigen Führungskräften? Hier lautet der konkrete Leitgedanke in unserem Beispielfall: „Führung ist eine Aufgabe – ohne Hierarchiestufen". Demnach bleibt Führung zwar eine sehr wichtige Aufgabe, ist dann aber keine Hierarchiestufe mehr. Führung und Zusammenarbeit erfolgen vielmehr auf Augenhöhe, damit sich die besten Ideen zur Steigerung des Kundennutzens und der Produktivität durchsetzen. Dabei können auch Mitarbeiter Führungsaufgaben übernehmen. Wichtig ist der veränderte Anspruch an Führung, hin zu einer dienenden bzw. coachenden Haltung.

Wo Menschen miteinander arbeiten wird natürlich auch kommuniziert. In streng hierarchischen Organisationen werden Informationen dabei oft als Machtmittel eingesetzt. In der agilen Organisation sollen diese vielmehr als „Schmiermittel" für das Funktionieren der Organisation dienen, d. h., alle relevanten Informationen werden organisationsintern in allen Ebenen kommuniziert.

In Summe hat die Organisation einen Hochleistungsanspruch, der sich sowohl qualitativ als auch quantitativ am Kundennutzen messen lässt. Gesteuert wird dabei aber nicht durch Top-down-Zielvorgaben, sondern vielmehr durch die Selbstregulierung von Teams sowie regelmäßiges, transparentes Feedback.

Weitere konkrete Vorgaben seitens des Top-Managements gab es auf Führungskräfteklausuren und vor dem Start der Transformation unter Einbindung weiterer Mitarbeiterinnen und Mitarbeiter nicht, um nicht von Beginn an die Entwicklung von Eigenständigkeit und Verantwortungsübernahme zu blockieren.

Wir verwenden hier für das Bild eines Fußballfeldes: Der Vorstand gibt die Spielfeldmarkierung und die Eckfahnen vor, auf dem Feld spielen dann aber die Mitarbeiterinnen und Mitarbeiter. Natürlich muss sich aber auch der Vorstand in seinem Handeln im weiteren Verlauf an den skizzierten Ansprüchen messen lassen und diese vorleben.

Wie agile Zusammenarbeit entsteht

Für die Autoren des ersten „Agilen Manifests" bedeutete agiles Arbeiten vor allem eine selbstbestimmte Arbeit in Entwicklungsprojekten, die von entsprechenden Methoden für die Zusammenarbeit unterstützt wird. Heute ist Agilität viel mehr und hat sich in weiteren „Manifesten" (z. B. „responsive" Unternehmen unter www.reactivemanifesto.org) und „Verfassungen" (z. B. die „Holokratie-Verfassung" unter www.holacracy.org/constitution) niedergeschlagen. Unsere Zusammenfassung

Abb. 1.3   Abbildung „Diamant" der agilen Organisation. (eigene Darstellung)

besteht in einem „Diamant der Agilität" (Abb. 1.3) mit sechs Kanten und einem
Mittelpunkt. Den Mittelpunkt bildet der übergreifende Sinn, der „Reason Why", der
Organisation. Darauf folgt das Menschenbild, das durch Vertrauen in Mitarbeiterkompetenzen, Ganzheit durch Betrachtung aller menschlichen Facetten, positive
Feedbackkultur, Möglichkeit zur Weiterentwicklung für alle und ein an Teamarbeit
orientiertes Anreizsystem gekennzeichnet ist. Das veränderte Führungsverständnis
zeigt sich durch Vertrauen, das Kontrolle ersetzt, eine neue Rolle der Führungskräfte
als Coach und Mentor sowie konsequente Selbstorganisation und Entscheidungsmacht in den Teams. Die Managementmethoden einer agilen Organisation sind
nicht durch „Befehl & Kontrolle" mithilfe von Zielvorgaben geprägt, sondern durch
einfach anpassbare und gemeinsam erarbeitete Zielvorstellungen (z. B. OKR =
„Objectives & Key Results"), innovationsorientierte Arbeitsmethoden (z. B.
„Design Thinking") in enger Zusammenarbeit mit Trendscouts und vor allem mit
Kunden (z. B. durch „Kundenreisen", engl. *customer journey*). Die Organisations-
struktur erlaubt flexible Strukturen und Mitarbeiterzuordnungen, besteht aus
zumeist funktionsübergreifenden, agil arbeitenden Teams und beruht auf einem
Zusammenarbeitsmodell „auf Augenhöhe" – mit unterschiedlichen Aufgaben ohne
Hierarchie. Eine solche Organisation kann nur funktionieren, wenn eine modular
anpassbare, sich fortlaufend entwickelnde IT die Arbeitsprozesse unterstützt und

die Räumlichkeiten der Kollaboration und Konzentration bei weitgehend autonomer Teamarbeit fördern.

Das alles ist umrahmt von einer initialen und permanenten Befähigung sowie Transformation. Denn Anpassungsfähigkeit bedeutet auch, sich immer wieder an die sich verändernden Rahmenbedingungen anpassen zu können.

Lohnt sich „agil"? Wahrscheinlicher zum Erfolg

2

> **Was sollten Sie mitnehmen?**
> - Agile Organisationen haben im Branchenschnitt nachweislich Vorteile und liegen bei Wachstum und Profitabilität vorn.
> - Diese Vorteile sind aber keine Garantie dafür, dass agile Unternehmen erfolgreich sind: Die Mehrzahl agiler Firmen ist besser als der Wettbewerb, es gibt jedoch einige, die unter dem Durchschnitt liegen.
> - Agilität bietet schnellere Produktlebenszyklen und bessere Anpassung an sich wandelnde Marktanforderungen. Dadurch sinken Kosten und Ressourcen werden effizienter eingesetzt.
> - Agilität ist nicht „das neue Lean Management": Lean Management und Lean Production bieten langfristig vor allem dann Kostenvorteile, wenn es über längere Zeit wenig Neuerungen und Veränderungen gibt.

Es wirkt schon etwas merkwürdig, dass die Ideen von frustrierten Softwareentwicklern in den USA nun zum „Managementmantra" quer durch alle Industrien und Branchen geworden ist: Alle Unternehmen wollen agil sein oder werden. Aber es macht sich auch Skepsis breit: Ist die Zeit von „Lean Production" und „Lean Management" vorbei? Kann man Kosten- und Qualitätsprogramme bedenkenlos einstellen, weil nun alle agil arbeiten? Natürlich nicht: Es gilt, sehr genau hinzuschauen, welche Vorteile Agilität bietet – und wo ihre Grenzen liegen.

© Springer Fachmedien Wiesbaden GmbH, ein Teil von Springer Nature 2019   13
J. Hasebrook et al., *Wie Organisationen erfolgreich agil werden,* essentials,
https://doi.org/10.1007/978-3-658-26810-7_2

2.1   Messbar erfolgreicher durch Agilität

Agilität macht erfolgreich – zumindest findet sich diese Behauptung immer wieder in der Werbung der zahllosen Bildungsanbieter für agile Arbeitsmethoden wie Scrum. Und sie haben sogar recht, denn zu den Vorteilen der Agilität gehören:

- kurze „Time-to-Market" mit ausreichender Marktreife,
- signifikante Reduktion von Blind- und Fehlleistungen in der Lösung,
- deutliche Kostenreduktion in Entwicklungsprozessen,
- klare, häufig dezentral verteilte Verantwortung für die Lösungen,
- Flexibilität durch schnelle Reaktions- und Anpassungsfähigkeit sowie
- Angemessenheit der Lösung anstelle von Perfektion.

Diese Vorteile sind in Studien mittlerweile gut belegt (z. B. Ebert-Karroum und Novakovic 2010; Ritter und Marburger 2012). Umsatz- und Erlöswachstum sind bei agilen Unternehmen rund fünfmal größer als im jeweiligen Branchenschnitt, 40 % der agilen Unternehmen liegen beim Unternehmensgewinn (gemessen als „Earning Before Interest and Taxes", EBIT) über dem Branchenschnittnd nur 20 % unter ihm. Bei Projektanalysen zeigen sich regelmäßig 15 bis 20 % Kostenreduktion in Entwicklungsprozessen und Projekten. Doch woher kommen diese Vorteile eigentlich? Gleich vier Antworten darauf gibt Abb. (2.2): Zum einen erfolgt die Neuentwicklung in kleinen Durchläufen (bei Scrum „Sprints" genannt), in denen sehr schnell erste Ideen umgesetzt und ausprobiert werden (Abb. 2.2, links oben). Dadurch werden äußerst schnell Fehler entdeckt und von Kunden bzw. den Endnutzern gewünschte Verbesserungen berücksichtigt. Das bedeutet auch, dass Lösungen nicht in einem großen Projekt vollständig erarbeitet und erst am Ende ausgeliefert werden, sondern unverzüglich Teillösungen zur Verfügung stehen, die genutzt und verbessert werden können (Abb. 2.2, links unten). Das reduziert Risiken und die Zeit, bis Neuerungen am Markt vorhanden sind. Mit diesem Vorgehen in kurzen Durchläufen oder „Sprints" gehen zwei weitere Vorteile einher: Es stehen jeweils kurzfristig zu erreichende Teilziele im Fokus und halten damit das Engagement der Teammitglieder hoch (Abb. 2.2, oben rechts). In umfangreichen Projekten mit weit in der Zukunft liegenden Zielen lässt das Engagement schnell nach und Frustration macht sich breit, wenn das Ziel nicht näher zu rücken scheint. Damit verbunden ist ein anderes Problem (Abb. 2.1, unten rechts): Mit festen Budgets und Meilensteinen geplante Projekte sehen aus Sicht des Managements erst einmal gut aus, nicht aber aus Sicht der Entwicklungsteams. Oft tauchen unvorhergesehene Probleme auf und die ursprünglichen Vorgaben sind ungenau, widersprüchlich oder passen nicht zu

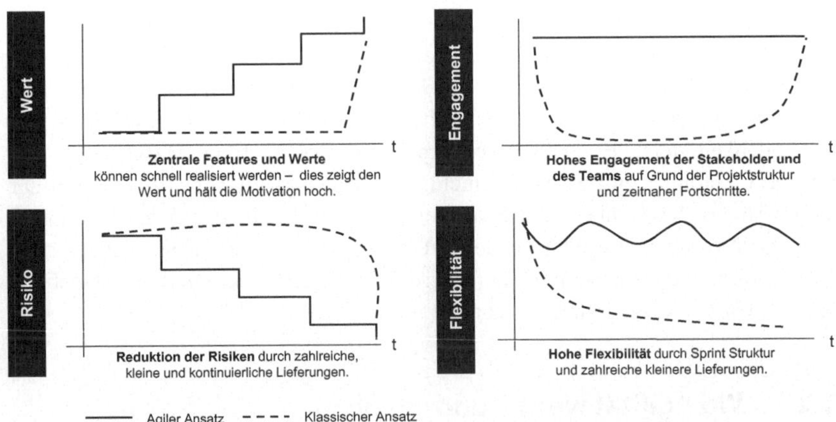

Abb. 2.1 Vergleich traditionelle vs. agile Entwicklungsmodelle. (Eigene Darstellung)

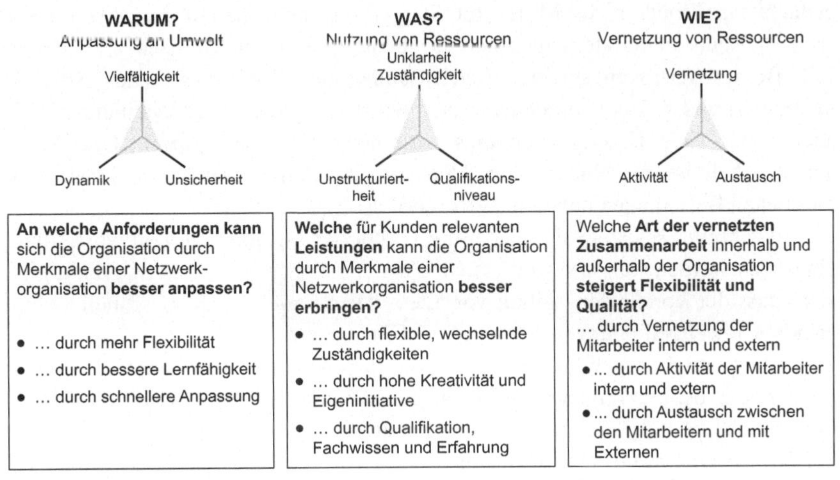

Abb. 2.2 Grundmodell VUKA-Umwelt und Teamzusammenarbeit. (Eigene Darstellung)

den Kundenbedürfnissen. Dann ist die Anpassungsfähigkeit des Teams gefragt und nicht ein Festhalten am starren Projektplan.

Kein Wunder, dass Untersuchungen der Deutschen Gesellschaft für Personalmanagement (GPM) zeigen, dass nur rund ein Viertel aller Projekte erfolgreich abgeschlossen werden und nur 13 % überhaupt wertschöpfend sind (vgl. Albrecht

2014). Das gilt nicht nur für deutsche Projekte (vgl. Pommeranz 2011): Eine vergleichbare Studie internationaler Projekte zeigte ebenfalls, dass nur etwa 25 bis 30 % der Projekte erfolgreich abgeschlossen werden. Doch trotz aller belegten Vorteile: Agilität ist keine Wunderwaffe. Die Studien zeigen, dass die Wahrscheinlichkeit steigt, Ergebnisse von Projekten erfolgreich am Markt zu platzieren. Eine Garantie gibt es jedoch nicht: Wie eingangs erwähnt liegen 40 % der agilen Unternehmen über dem Branchendurchschnitt, 20 % aber auch darunter. Es geht also darum, Agilität genau da einzusetzen, wo sie Nutzen stiftet – und wegzulassen, wo sie bestenfalls nur Ressourcen verschwendet und im schlechtesten Fall Unruhe und Unklarheit schafft.

2.2 Wo Agilität wirkt – und wo nicht

Es mehren sich die Stimmen, dass agile Methoden nicht als Stärkung des Teamgedankens und der Eigenverantwortung genutzt werden, wie es ursprünglich gedacht war, sondern als Mittel zur Steigerung von Effizienz und Arbeitseinsatz. In Deutschland stößt dies bereits an die rechtlichen Grenzen z. B. des § 111 Betriebsverfassungsgesetz (Betriebsänderung: Einführung neuer Arbeitsmethoden) und § 5 Arbeitsschutzgesetz (Beurteilung der Arbeitsbedingungen) – auch wenn viele Unternehmen dies gern übersehen. Eine soziale Gestaltung agiler Arbeit ist zur Nutzung der Chancen von Agilität und zum Schutz vor möglichen Belastungen unbedingt erforderlich.

Ein zentraler Baustein sind dabei die Vorüberlegungen, wofür und wo Agilität eingesetzt werden soll, und wofür nicht. Aus den bisher genannten Stärken ergibt sich, dass der Vorteil der Agilität vor allem darin besteht, sich an schnell wechselnde Umweltbedingungen anzupassen. Ein weiterer Vorteil ist, in unsicheren Umwelten durch schnelles und ressourcenschonendes „Ausprobieren" immer wieder zu neuen, marktgängigen Lösungen zu kommen – nach dem Motto: „Fail fast, fail cheap" (so der Titel einer Kolumne in der *Bloomberg Businessweek;* Hall 2007). Die wichtigste Voraussetzung für den sinnvollen Einsatz von Agilität ist also, dass die Organisation durch die Umwelt bzw. das Marktumfeld zu schnellen Anpassungen gezwungen wird.

In diesem Zusammenhang wird gerne von VUKA-Umwelten gesprochen. Aber wann sind Marktumfelder „VUKA"? Eine Antwort kommt aus Hochsicherheitsorganisationen, die auch als „Hoch Reliable Organisationen" (HRO) bezeichnet werden (Sætren und Laumann 2017): Wenn viele Faktoren sich gegenseitig beeinflussen und ihren Zustand so ändern, dass die Reaktionen nicht vorsehbar sind. Im Grundsatz sind alle sozialen Systeme selbstorganisiert, daher im mathematischen Sinne nicht vorhersagbar, somit „VUKA". Dies bedeutet aber nicht, dass jedes Umfeld, in dem eine Organisation arbeitet, auch gleich Agilität erfordert. Niemand wünscht sich, dass in einem Operationssaal zu Beginn der Operation die Aufgaben erst einmal agil verteilt werden oder in der Flugsicherung nach dem Motto „fail fast" gearbeitet wird. Neue Methoden können in einem sicheren Umfeld agil erarbeitet und ausprobiert werden, in der routinierten Durchführung ist Agilität aber oft fehl am Platz.

Der Nutzen der Agilität hängt zudem davon ab, was das agil arbeitende Team überhaupt leisten soll: Sind die Rollen klar verteilt, die Aufgaben sehr genau beschrieben und die auszuübende Tätigkeit leicht zu erlernen, wird Agilität wenig nutzen oder sogar Verwirrung stiften. Agilität spielt ihre Vorteile in kreativen Umfeldern aus, in denen Zielsetzungen nicht klar formuliert und Verantwortungsbereiche nicht klar abgegrenzt werden können.

Doch selbst die kreativste Firma arbeitet nicht ständig im „Kreativmodus": Die praktische Erfahrung zeigt, dass auf kreative Phasen, in denen neue Produkte, Services oder Prozesse entstehen, Lernphasen folgen und mehr oder weniger strikt organisierte Produktionsphasen, in denen das Gelernte angewendet und das Neue abgearbeitet wird. Die drei Grundfragen, ob und wann sich Agilität lohnt, lauten daher wie in Abb. 2.2 dargestellt: Warum (an welche Anforderungen soll Agilität die Anpassung ermöglichen)? Was (welcher Nutzen entsteht in der Zusammenarbeit durch Agilität)? Und: Wie (welche veränderlichen Unternehmensressourcen, nicht nur Menschen, müssen angepasst werden)?

> **Beispiel: Agiles Mindset für alle – aber nicht agile Arbeitsmethoden**
>
> Entscheidend für Agilität ist ein „agiles Mindset", also die Fähigkeit, sich flexibel auf sich verändernde Rahmenbedingungen einstellen zu können, dabei eigenverantwortlich zu handeln und immer wieder vom Kunden zu denken: „Man agiert nicht agil, man ist agil". Agilität meint also in der Praxis viel mehr als reine Methodenlehre und -anwendung. Beim Blick in eine Bank oder Sparkasse kann dies leicht verdeutlicht werden. Es gibt Mitarbeiter, die z. B. aus regulatorischer Notwendigkeit heraus regelmäßig einen klar beschriebenen Prozess ausführen müssen. Diese Mitarbeiter wissen, wie der Prozess auszuführen ist, und welcher konkrete Ergebnistyp zu erstellen ist. In einer solchen, wenig komplexen Situation, müssen natürlich nicht aus Selbstzweck heraus agile Methoden angewendet werden. Den Zusammenhang zwischen der Komplexität von Aufgaben auf der einen Seite und der Sinnhaftigkeit des Einsatzes agiler Methoden auf der anderen Seite stellt zum Beispiel die Stacey Matrix (siehe Abb. 5.1) sehr anschaulich dar.

Auch wenn die Mitarbeiter bei der oben genannten Aufgabe keine agilen Methoden einsetzen, so sollen sie doch agil sein. Und zwar agil im Sinne der Leitprinzipien und des Mindsets: Auch sie sollten das Verständnis haben, dass die Gesamtorganisation auf Kundenorientierung, transparenter Kommunikation und interdisziplinärer Zusammenarbeit fußt und dementsprechend handeln. Andernfalls entstehen doppelte Betriebssysteme bzw. eine Trennung zwischen „alter" und „neuer" Welt, was über kurz oder lang zu Konflikten, Effizienzverlusten und weiteren negativen Effekten führen kann.

Kurz: Es geht nicht darum, dass jeder morgens mit einer neuen Idee aufwachen soll, die sofort umgesetzt werden muss. Menschen, die jeden Tag wiederkehrende notwendige Aufgaben erledigen, gibt es auch in einer agilen Organisation.

2.3   Warum Agilität nicht das neue „Lean Management" ist

Forschung zur sozialen Netzwerkanalyse hat diese Veränderung in Organisationen sichtbar gemacht und zeigt: Eine agile Organisation ist keine Organisation mit einer festen Form, sondern eine Organisation, die ihre Form anpassen kann und daher immer anders aussieht – je nachdem, was sie leisten muss (vgl. Exkurs „Wie Organisationen sich anpassen"; Wen et al. 2018). Dies ist auch der Grund, warum „agil" und „lean" nicht dasselbe sind: In „Lean Production" und „Lean Management" geht es darum, Arbeits- und Produktionsprozesse vor allem durch Standardisierung und permanente Verbesserung so ressourcenschonend wie möglich umzusetzen. Agilität dreht sich um die schnelle Erfassung und Umsetzung von sich verändernden Markt- und Kundenanforderungen. Die Anpassungsfähigkeit einer Organisation ist schließlich auch noch von ihrer Infrastruktur abhängig, also z. B. Art und Aufbau der IT, Lieferanten und Umfeldfaktoren wie regionale Infrastruktur oder regulatorische Vorgaben.

Untersuchungen bei flexiblen Produktionsprozessen haben gezeigt, dass Agilität bei schnellen Produktionsanpassungen, Verbesserung der Kundenbeziehungen sowie Einführung neuer Produkte und Produktionsprozesse Vorteile bieten. Keine Vorteile finden sich bei der Sicherung dauerhafter Produktionsqualität, Erhalt einer großen Produktpalette und umfassenden Automatisierungsprojekten. Simulationsrechnungen und Praxiserfahrungen aus Dienstleistungsunternehmen sowie klein- und mittelständischen Unternehmen haben gezeigt, dass Agilität vor allem kurz- und mittelfristig Vorteile bietet, wenn es zu häufigen Anpassungen und Neuerungen kommt. Der Fokus auf „Lean", also auf Ressourceneffizienz, bietet vor allem langfristig Vorteile, wenn ein großes Produkt- oder Dienstleistungsportfolio in hoher Qualität angeboten werden soll (Katayama und Bennet 1999).

Exkurs

Feuerwerk, Kugelhaufen und Produktionskette: Wie Organisationen sich anpassen

Peter Gloor, Leiter des MIT Instituts für kollektive Intelligenz (MIT Institute for Collective Intelligence; vgl. Gloor und Colladon 2015) untersucht seit Jahren die Beziehungen und Informationsaustausch in sozialen Gruppen, z. B. per E-Mail, Verknüpfungen in Online-Communities sowie Laufwege und Gespräche von Personen in Unternehmen mithilfe von tragbaren Messgeräten, sogenannten „Social Tags". Seine Schlussfolgerung aus vielen solcher Untersuchungen ist, dass soziale Organisationen mit gemeinsamen (Leistungs-)Zielen regelmäßig drei Phasen durchlaufen, die auch nebeneinander in ein und derselben Firma stattfinden können (Abb. 2.3). Phasen hoher Kreativität und Veränderung gehen mit häufigen Wechseln in den sozialen Beziehungen einher: Gruppen entstehen kurzzeitig und bilden sich wiederholt um. Dies erinnert, wenn man sich die Veränderungen wie in einem Film anschaut, an ein Feuerwerk. Wenn sich eine Neuerung oder Veränderung durchsetzt, müssen viele Informationen ausgetauscht und alle Mitglieder einer Organisation auf den gleichen Stand gebracht werden. Dadurch entstehen Gruppen um zentrale Knotenpunkte. Die geringste Schwankung und höchste Leistung entsteht dann, wenn alle ausreichend informiert sind und wenig Veränderungen oder Neuerungen anstehen. Dann gleicht die soziale Struktur einem „Fließband", in dem sich spezialisierte Teams aneinanderreihen und jeweils ihren Aufgaben nachgehen.

Agile Organisationen können schnell zwischen Zuständen wechseln und auch in verschiedenen Bereichen in unterschiedlichen Zuständen arbeiten. Durch die schnellere Anpassung an Marktanforderungen und Kundenbedürfnisse bieten sie bessere Qualität von Produkten und Diensten bei der Markteinführung als starr organisierte Organisationen. „Lean Production" und „Lean Management" bieten langfristig Kostenvorteile gegenüber Wettbewerbern. Dies gilt aber nur dann, wenn das Umfeld relativ stabil ist, also die Produkt- und Dienstleistungspalette über eine längere Zeit (die meisten Studien ergeben: mehr als fünf Jahre) stabil bleiben (Lee und Xia 2010). Roger Martin von der Managementschule der

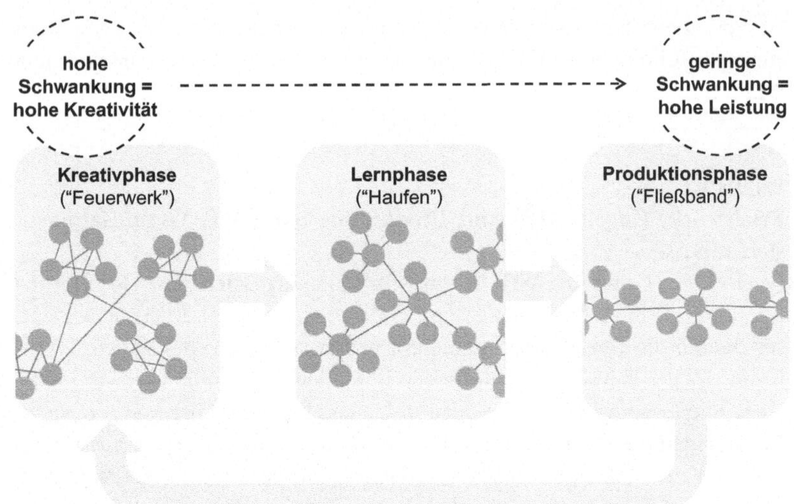

Abb. 2.3 Soziale Interaktion in Organisationen je nach Phase und Aufgabe (von links): kreatives „Feuerwerk", lernender „Haufen" und produktives „Fließband". (eigene Darstellung nach Arbeiten von Peter Gloor)

Universität Toronto, legte in einem Anfang 2019 im *Harvard Business Review* veröffentlichten Artikel eine Analyse vor, die zeigte, dass die Konzentration in den letzten 15 Jahren überall zugenommen hat, insbesondere im IT-Bereich und der Finanzdienstleistung: 1978 verdienten z. B. die Top 100 börsennotierten Firmen der US-Industrie weniger als 50 % aller Erträge, 2015 waren es weit über 80 %. Die Folge ist, dass Monokulturen übermächtiger Unternehmen entstanden sind, die zwar erheblich höhere Effizienz in Unternehmensabläufen und Vertriebsprozessen erlauben, aber Vielfalt, Wettbewerb und breit gestreute Jobangebote verringern. Letztlich beschädigt der Glaube an Größe und Effizienz in den Unternehmensführungen und Managementschulen die Widerstands- und Überlebensfähigkeit nicht nur einzelner Firmen, sondern ganzer Branchen und Volkswirtschaften. Wir glauben daher, dass für alle Organisationen in zunehmendem Maße gilt, dass die Zeiten langfristiger Stabilität mit hoher Leistung, aber wenig Veränderungs- und Lernaufwand vorbei sind. Darum wird Agilität und Anpassungsfähigkeit gegenüber Effizienz und effektiver Ressourcennutzung immer wichtiger.

Wie man agil wird 3

Was sollten Sie mitnehmen?

- Der Weg zu mehr Agilität ist selbst agil: Kern aller organisatorischen Veränderung ist das Erlernen von höherer Anpassungsfähigkeit durch mehr Selbstverantwortung und Kooperation.
- Ein tiefgreifender Wechsel der Unternehmenskultur braucht Zeit und schürt Ängste. Da in der agilen Organisation nicht einfach das vorhandene Organigramm durch ein anderes ersetzt wird, müssen der Ablauf des Veränderungsprozesses und Zwischenstationen allen Beteiligten klar und transparent gemacht werden.
- Ein Wandel der Unternehmenskultur zu mehr Agilität gelingt am besten durch eigenverantwortliche Entwicklung und nicht durch „Befehl von oben".

Agile Organisationen erlangen ihre hohe Anpassungsfähigkeit an sich ändernde Markt- und Arbeitserfordernissen vor allem dadurch, dass alle Mitglieder der Organisation lernen, sich besser anzupassen. Es geht also nicht in erster Linie um neue Organigramme, Bereichszuordnungen oder Teamzusammensetzungen. Der Wandel hin zu einer agilen Organisationen ist viel grundlegender: Führung und Werte, die Art der Planung und Kontrolle im Unternehmen sowie natürlich die konkrete Durchführung und Zusammenarbeit ändern sich (Mulgund 2010). Kurz: Es geht nicht um ein abgeschlossenes Organisations- oder Trainingsprojekt, das ausgewählte Mitarbeiterinnen und Mitarbeiter betrifft, sondern um einen Kulturwandel, der die gesamte Organisation umfasst. Tab. 3.1 gibt einen Überblick über die Merkmale herkömmlicher Organisationen und im Gegensatz dazu typische Merkmale einer agilen Organisation (vgl. Aulinger 2017). Die dritte Spalte enthält prototypische Entwicklungsmaßnahmen. Aufbau und Umsetzung

© Springer Fachmedien Wiesbaden GmbH, ein Teil von Springer Nature 2019

J. Hasebrook et al., *Wie Organisationen erfolgreich agil werden*, essentials,

https://doi.org/10.1007/978-3-658-26810-7_3

Tab. 3.1 Überblick über die Merkmale herkömmlicher Organisationen und im Gegensatz dazu typische Merkmale einer agilen Organisation. (vgl. Aulinger 2017)

Merkmale hierarchischer Organisationen	Entwicklungstendenzen in agilen Organisationen	Prototypische Entwicklungsmaßnahmen
Führung und Werte (alt) **Prinzip:** Organisatorische Abbildung als rel. stabil verstandene Marktverhältnisse **Ergebnis:** Arbeitsteilung (Taylorismus) und Managementfokus auf Effizienz und Standardisierung	**Führung und Werte (neu)** **Prinzip:** Flexibilität als Anpassung an sich ständig ändernde Marktverhältnisse **Ergebnis:** Stärkung von Selbstmanagement und -entwicklung in den Teams	**Entwicklungsmaßnahme** Ganzheitliche, sinnstiftende Beziehung zwischen Kunden und Mitarbeitern mit hohem Grad an Selbstorganisation
Planung und Kontrolle (alt) **Prinzip:** Bündelung von Ressourcen für effiziente Produktion („Kreditfabrik") **Ergebnis:** Mangel an interner Integration, externer Offenheit und Kundenfokussierung (Kunde als Störfaktor im effizienten Ablauf)	**Planung und Kontrolle (neu)** **Prinzip:** Bündelung von Ressourcen für beste Kundenergebnisse **Ergebnis:** Reduktion interner Prozesse, externe Integration und hohe Kundenfokussierung (Outcome als Prozesstreiber)	**Entwicklungsmaßnahme** Ressourcen inkl. selbstverwalteter Budgets für interne (abteilungsübergreifende) und externe (Kunden, Zulieferer, Wettbewerber) Integration
Organisation und Umsetzung (alt) **Prinzip:** Orientierung an und Problemlösung durch Regeln und Prozessoptimierung **Ergebnis:** Fragmentierung von Aufgaben und Prozessen, Druck zur „Niedrigqualifizierung" (z. B. Vertrieb)	**Organisation und Umsetzung (neu)** **Prinzip:** Orientierung an Kundenbedarf und hoher Ergebnisqualität **Ergebnis:** Zusammenarbeit hoch qualifizierter „Kundenproblemlöser", Druck zur „Höherqualifizierung" – insbesondere im Vertrieb	**Entwicklungsmaßnahme** Gemeinsame Qualifizierung und Entwicklung von Mitarbeitern, Kunden und Lieferanten und dauerhafte Bindung in „Communities"

solcher Entwicklungs- und Veränderungsmaßnahmen werden wir in diesem Abschnitt beschreiben.

3.1   Mit Fahrplan zur Agilität

Agile Organisationen können keine fixe Form oder ein festes Zielbild haben. Ein solches festes Zielbild wäre systemisch auch ein Widerspruch in sich – wo bleibt die Agilität, wenn alles feststeht? Agile Organisationen sind von Unternehmen zu Unternehmen individuell auf Basis der bereits beschriebenen Prinzipien/Eckpfeiler auszugestalten. In der Konsequenz heißt das, dass zu Beginn der Transformation hohe Ergebnisunsicherheit gegeben ist, die zwingend durch eine Prozesssicherheit ausgeglichen werden muss. In der Praxis beobachten wir drei Wege zu mehr Agilität mit einer klaren Empfehlung unsererseits (vgl. auch Pisano 2019):

- Klein anfangen mit einem „Innovationslabor" oder „Digi Lab", in dem sich digitale Pioniere austoben und an neuen Produkten und Diensten tüfteln. Spannend zum Warmlaufen und als Proberaum, wenn dort alle Mitarbeiter Zugang haben und sich kein elitärer Club bildet. Dem Rest der Mannschaft wird aber schnell – ob gewollt oder ungewollt – signalisiert, dass sie nicht zu den Innovativen gehören.
- Beim Modell „Doppeltes Betriebssystem" wird ein zumeist IT-naher Teil vom traditionell arbeitenden Teil getrennt. Die Hoffnung ist, dass der agile Teil mit der Zeit wächst und der andere durch Automatisierung und Digitalisierung schrumpft. Dies kann zu chaotischen Grabenkämpfen (z. B. zwischen „agiler Zukunftsbank" und „hierarchischer Abwicklungsbank") führen. Das ist kaum steuerbar, weil zwei nicht vereinbare Dinge unter einem Organisationsdach zusammenarbeiten sollen. Das kann nicht Ziel und Anspruch einer erfolgreichen Organisation sein.
- Unsere Empfehlung ist daher der dritte Weg: „Agil – aber vorsichtig". Statt schnell, per Stichtag die ganze Organisation auf den Kopf zu stellen, kommen Veränderungen schrittweise, sie werden erprobt und angepasst – ein Lernprozess. Kommend von einem klaren Management-Commitment und entsprechenden Leitplanken für die Transformation wird eine sukzessive breiter werdende Mitarbeiterbasis in die Gestaltung und das Erleben einbezogen.

Der Austausch und die Diskussionen beginnen zwingend und immer direkt im Vorstand, um hier grundlegende Leitplanken für die Ausarbeitung der Handlungsfelder zu setzen. Diese starke Einigkeit und Unterstützung ist auf der einen Seite wichtig, um die Notwendigkeit und Relevanz der Transformation zu unterstreichen, auf der anderen Seite wird ein Handlungsrahmen vorgegeben, der dann in starker Eigenverantwortung von Führungskräften und Mitarbeitern ausgefüllt wird. Das „Wollen" und „Können" der Mitarbeiter steht dabei eindeutig vor der anfänglichen konzeptionellen Klarheit. Wichtig ist die Erkenntnis, wie relevant die Transformation ist und wie „weit man springen" muss, um den zukünftigen Anforderungen gerecht zu werden.

Daher geht es im nächsten Schritt vor allem um die Befähigung. Das bedeutet insbesondere, eine erste Gruppe von Mitarbeitern ins Erleben zu bringen, beispielsweise mit neuen, agilen Kreativmethoden (z. B. „Design Thinking") oder in einem Projektumfeld, welches auf die Kernelemente und -vorteile der Agilität einzahlt. Mit Umfeld ist hierbei das räumliche und infrastrukturelle Umfeld gemeint, es hat sich als sehr zielführend erwiesen, entweder Coworking Spaces zu nutzen oder selbst „Kreativinseln" zu gestalten. Darüber hinaus meint Umfeld aber auch die Art und Weise der Zusammenarbeit, hier ist eine Anlehnung an „Scrum" in Sachen „Sprint"-Struktur sowie Rollen und Meetings (Retrospektiven etc.) sehr sinnvoll (vgl. Heilmann 2018).

In diesem Kernteam werden die relevanten Handlungsfelder identifiziert und ausgestaltet. Das schließt Aspekte wie Strategie und Steuerung, Führung, Organisation und Governance, Personal sowie die Infrastruktur und Prozesse in der zukünftigen agilen Organisation ein. Natürlich müssen nicht alle Fragestellungen des bereits vorgestellten Diamanten (Abb. 1.3) auf einmal gelöst werden, auch hier kann priorisiert und schrittweise verbessert werden. Damit allerdings all diese Bemühungen am Ende keine theoretische und nach innen gerichtete Aktionen bleiben – und damit das Kernelement „Kundenzentrierung" der agilen Organisation vernachlässigen-, hat es sich in unserer Projektpraxis als sehr wirksam herausgestellt, diese konzeptionellen Themen mit der Ausarbeitung von innovativen Produktideen zu konkreten Kundenbedürfnissen zu begleiten. Die Bearbeitung von Kundenproblemen kann beispielsweise im Rahmen von „Design Thinking"-Workshops erfolgen, in denen die „Herz- und Schmerzpunkte" prototypischer Kunden („Personas") in einer sogenannten Kundenreise („Customer Journey") untersucht werden. Generell muss es Ziel aller Initiativen sein, möglichst schnell möglichst viele Mitarbeiter in ein individuelles und praxisnahes Erleben zu bringen. Das Kernteam fungiert hier als Coach – man könnte auch neudeutsch sagen: „als Influencer". Hierbei bieten sich auch spielerisch Ansätze an, wie z. B. LEGO-Scrum, wodurch alle sehr schnell die Vorteile von einem

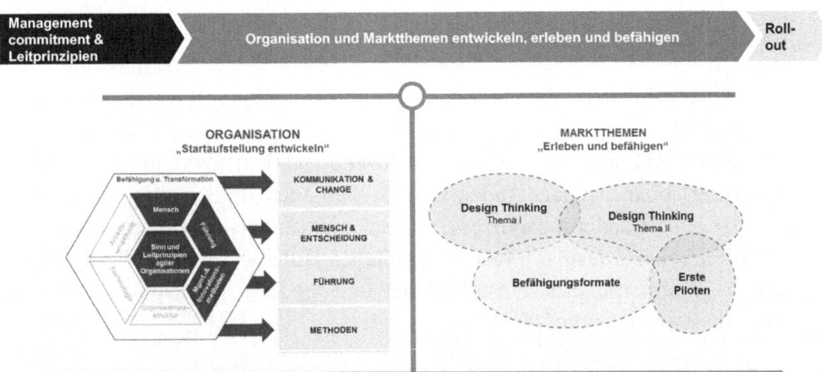

Abb. 3.1 Beispielhafte Themenübersicht für ein Projekt. (Eigene Darstellung)

iterativen Vorgehen in organisierten „Sprints" verstehen. Das gesamte Vorgehen muss durch eine professionelle kommunikative Begleitung unterstützt werden. Eine beispielhafte Themenübersicht aus einem unserer Projekte für die skizzierte Phase kann Abb. 3.1 entnommen werden.

3.2 Hilfe zur Selbsthilfe

Die Vorteile von Agilität und insbesondere das Sinnstiftende, das in einer agilen Organisation steckt, kann auf Basis unserer Erfahrung nicht durch theoretische Auseinandersetzung mit dem Thema verstanden werden. Sollen Mitarbeiter wirklich agil werden, müssen sie genau das erleben. Daher empfiehlt es sich, möglichst frühzeitig eine Vielzahl an Mitarbeitern in das Projekt einzubinden. Natürlich ist auch diese „Speerspitze" der Transformation zu Beginn professionell in die „neue Welt" zu begleiten. Dafür sollten externe Spezialisten hinzugezogen werden, die zum einen vergleichbar große Transformationsprozesse bereits begleitet haben sowie zum anderen ein umfangreiches und praktisch erprobtes Verständnis der agilen Prinzipien und Methoden haben. Neben entsprechenden Beratern und Moderatoren ist zudem der Einbezug von agilen Coaches sinnvoll und nützlich. Stück für Stück kann dann die Verantwortung für die Initiativen, wie z. B. die Moderation eines Befähigungsformates für bislang nicht eingebundene Mitarbeiter, an die Projektmitarbeiter übergeben werden. Ziel muss sein, dass eigene Mitarbeiter dann mehr und mehr Mitarbeiter agil machen.

In einem unserer Projekte wurden in Zusammenarbeit von Mitarbeitern und Beratern verschiedene Kommunikations- und Befähigungsformate entwickelt, um möglichst viele Mitarbeiter frühzeitig zu erreichen. Diese Formate sollten einerseits die Grenzen der bisherigen Zusammenarbeit sowie die Vorteile von Agilität erlebbar machen. Andererseits sollten auch Ängste aufgegriffen werden, die ein Veränderungsprozess, und sei er noch so sinnstiftend, bei einzelnen Mitarbeitern auslöst. Nach anfänglicher Hilfe wurden die Formate von den Projektmitarbeitern selbst begleitet und moderiert. Beispielhaft wurden folgende Formate eingeführt:

- Das erste Format bezog sich auf das „Onboarding" in die „neue Welt". Dieses wurde wöchentlich in einem Coworking Space für jeweils 4 Stunden durchgeführt. Die Teilnahme erfolgte freiwillig. Die Ziele waren: Aufklärung aller Mitarbeiter, Klärung der Sinnhaftigkeit sowohl auf der Sach- als auch auf der persönlichen Ebene, Sicherstellung eines einheitlichen Verständnisses über Agilität, Vorstellung und praktische Umsetzung der Methode Design Thinking oder Scrum (in Form von LEGO-Scrum), Gewinnung der Teilnehmer als Multiplikatoren und „Fans".
- In einem zweiten Format konnte man sich ungezwungen bei einem Lunch in Kleingruppen mit den Projektmitarbeitern aus dem Kernteam austauschen. Auch hierdurch sollte das Thema für Mitarbeiter außerhalb des Projektes erlebbar werden. Durch den offenen Austausch konnten Fragen geklärt, Anregungen aufgenommen und Sorgen adressiert werden.
- In einem dritten Format „Agile Organisation erleben" wurde mit ganzen Teams (z. B. Filialteams) gearbeitet. Auch dieses Format zielte auf ein Verständnis für Agilität ab, stellte aber vielmehr ein Erleben von konkreten Fragestellungen aus dem beruflichen Alltag mithilfe von agilen Methoden in den Mittelpunkt. Hierfür wurden mehrere Workshops mit interessierten Teams von einem Coach begleitet und über einen mehrwöchigen Zeitraum durchgeführt. Neben der erlernten Methodenkompetenz lagen bei den Teilnehmern am Ende auch ganz neue Ideen zur Lösung einer kundenorientierten Fragestellung auf dem Tisch, die kurzfristig umgesetzt werden konnten.

Eine der Teilnehmerinnen, eine Filialleiterin, antwortete auf die Frage, ob sie Veränderungen wahrnehme, mit:

„Ja! Woran ich das festmache? Mehr Kommunikation und Absprachen untereinander. Termine zur Abstimmung der Kundeninterviews wurden eigenständig koordiniert. Bei der ersten Interviewrunde verlief es noch etwas holprig. Bei der zweiten Runde war das Team organisiert. Unabhängig vom „Design Thinking" werden zunehmend Fragestellungen ohne Einbindung meiner Person gelöst. Die Verantwortlichkeiten für Themenbereiche werden jetzt noch stärker gelebt als vorher. Ich sehe immer deutlicher, dass es die Mitarbeitenden aus einem imaginären Korsett befreit. Ich habe den Eindruck, dass macht allen richtig Spaß und wir arbeiten noch effektiver gemeinsam mit unseren Kunden."

Als wichtigen Zwischenschritt und Zäsur in Transformationsprojekten führen wir oft einen „Markt der Ideen" durch, auf dem die Teams ihre Ergebnisse selbst präsentieren und entsprechendes Feedback von der Belegschaft einsammeln können. Dies stellt die Transparenz sicher, erhöht weiterhin das Commitment, macht – wie alle anderen Formate auch – Spaß und sichert den Stolz auf das bisher Erarbeitete und Erreichte.

Zusätzlich werden regelmäßige Führungskräfte- und Mitarbeiterinformationsveranstaltungen durchgeführt, auf die hier nicht weiter eingegangen werden soll. Wichtig ist dennoch, auch diese Routineveranstaltungen anders und neu zu gestalten und mit interaktiven Erlebensmomenten anzureichern.

Rollen und Kompetenzen 4

Was sollten Sie mitnehmen?
- Agile Organisationen verlagern Entscheidungen dorthin, wo die meisten Informationen und Erfahrungen vorliegen: in die Teams, die für die konkrete Umsetzung verantwortlich sind.
- Agile Teams nutzen flexible Rollenkonzepte, legen aber klare Regeln für die Zusammenarbeit fest und setzen diese auch im Konfliktfall konsequent durch.
- Arbeit in agilen Teams und agilen Organisationen passen nicht zu starren Stellenbeschreibungen und Karrierewegen: Andere Kompetenzen und neue Formen der Kompetenzentwicklung sind erforderlich.

Vielfach begegnen wir dem Vorurteil, dass agile Organisationen nur bei hippen Start-ups und bei Unternehmen in sogenannten Kreativbranchen umzusetzen sind. Die Mitarbeiter von Firmen mit Tradition und in etablierten Umfeldern würden tiefgreifende Veränderungen eher ablehnen. Letztlich würde daher ein Kulturwandel nicht wirklich funktionieren und keine Vorteile bringen. Umso erstaunter sind viele Manager, wenn sie erfahren, dass die US-Armee und die NATO schon seit Anfang der 2000er Jahre Agilität und Selbstorganisation intensiv diskutieren und für eine Neuformulierung des alten Ansatzes von „Command & Control" gesorgt haben. In einer 2006 erschienenen Richtlinie „Command & Control for the 21st Century" werden besseres Befolgen und Verstehen gemeinsamer Missionen durch Sinnstiftung, vernetzte Führung und Delegation von Verantwortung festgeschrieben. Dies gilt heute in der gesamten NATO (vgl. Mulgund 2010).

© Springer Fachmedien Wiesbaden GmbH, ein Teil von Springer Nature 2019
J. Hasebrook et al., *Wie Organisationen erfolgreich agil werden*, essentials,
https://doi.org/10.1007/978-3-658-26810-7_4

Der Kernpunkt der Argumentation für mehr Agilität in der Armee ist, dass durch die Vielzahl vernetzter und sich gegenseitig beeinflussender Faktoren eine einfache Befehlskette von der Spitze der Armeeführung bis zur Basis der konkreten Befehlsumsetzung nicht mehr funktionieren kann. Unternehmen würden hier von VUKA-Umwelten sprechen (vgl. Abschn. 1.2 und Abb. 1.3) – die Erkenntnis aber ist dieselbe: Lineare Führung in einer hierarchischen Organisation erreicht ihre Ziele nicht mehr. Vielmehr sind verteilte Führung sowie Abgabe und Übernahme von Verantwortung auf allen Ebenen erforderlich.

4.1   Selbstorganisation und selbst entscheiden

So erstaunlich es zunächst klingen mag: Insbesondere in hierarchisch klar gegliederten Organisationen kommen Rollenunklarheiten und unklare Verantwortlichkeiten besonders häufig vor – und machen auch am meisten Stress. Wer ist für was zuständig – und vor allem verantwortlich? Dies ist nicht nur eine Frage bei funktionierenden Entscheidungen, sondern auch wichtig bei der Suche nach Schuldigen, wenn es nicht klappen sollte wie geplant (z. B. van den Ven et al. 2010; vgl. auch Bloom et al. 2014). Daher ist es in Hierarchien immer wichtig, dass man im Zweifel sagen kann: „Das ist nicht meine Aufgabe". Gibt man in eine Suchmaschine das Motto „Not my job" ein, wird man überhäuft mit skurrilen Beispielen, in denen Personen „nur ihren Job" gemacht haben – und keine Verantwortung für das Gesamtergebnis übernommen haben: Da gibt es Behindertentoiletten mit Treppenstufen ohne Rampe und Geländer oder frisch gemalte Straßenmarkierungen zu bewundern, bei denen überfahrene Tiere nicht entfernt, sondern gleich mit übermalt wurden.

Eine agile Organisation räumt genau damit auf: „Nicht mein Job" gibt es nicht. Zuständigkeiten, die unklar sind, werden sofort geklärt. Auf der Ebene des Teams, in dem man gerade arbeitet, und – wenn das partout nicht geht – zusammen mit anderen Teams. Wichtig ist: Am Ende ist eine Person verantwortlich. Dadurch entsteht zum einen eine große Transparenz über Zuständigkeiten und Befugnisse in der Organisation. Zum anderen werden Teams in die Pflicht genommen, alle wichtigen Aufgaben durch Abstimmungen und kurze Rollenbeschreibungen festzuhalten. Diese werden bei den Teammeetings überprüft und bei Bedarf aktualisiert.

Dabei ist eines besonders wichtig: keine Rolle ohne Entscheidungsbefugnis! Die Entscheidungsmöglichkeiten mögen noch so klein sein, die Verantwortung muss immer bei der Person liegen, die die Aufgabe hat – denn sonst wird, wie oben beschrieben, Verantwortung „nach oben delegiert" und eben nicht selbst übernommen (vgl. Snowden 2007). Oft besteht das Problem aber gar nicht darin, dass nicht klar ist, wer zuständig ist, sondern darin, dass einmal gefasste Beschlüsse nicht eingehalten werden oder nach kurzer Zeit „versanden", also ignoriert werden. Auch hier greift die agile Organisation ein: Entscheidungen müssen immer, wenn es inhaltlich und rechtlich möglich ist, „nach unten" delegiert werden, dahin wo die Auswirkungen am besten bekannt und auch am ehesten spürbar sind. Risikoforscher sprechen gerne von „Skin in the game", also die Gewissheit, die Folgen eigener Entscheidungen auch zu spüren (Taleb 2018). Wenn eine Entscheidungsbefugnis „nach unten" delegiert (und natürlich in der Rollenbeschreibung dokumentiert) wurde, kann nur der Entscheidungsbefugte bzw. sein Team diese Befugnis weitergeben. Dies kann z. B. passieren, um Konflikte zwischen Teams aufzulösen: Hier kann die Entscheidung an ein „Moderatorenteam" weitergegeben werden, das immer versuchen sollte, nicht zu entscheiden, sondern den Betroffenen zu helfen, eigene Entscheidungen zu finden. Diese kurzen Entscheidungswege erhöhen die Anpassungsgeschwindigkeit deutlich und die Gewissheit, dass so gut wie nie Entscheidungen ohne Folgen für die Betroffenen gefällt werden, erhöht die Qualität enorm.

Rollen und Befugnisse sind aber nur der Grundbaustein. Agilität erweist sich vor allem in der Zusammenarbeit, die meistens durch Teamrunden, Besprechungen, Meetings – oder wie auch immer die Zusammenkünfte heißen – koordiniert wird, als effektiv. Daher sind Effizienz und Wirksamkeit der Meetings von enormer Wichtigkeit, viel wichtiger als in herkömmlichen Organisationen, in denen die wichtigen Entscheidungen zumeist außerhalb von Teammeetings irgendwo weit entfernt in Führungsetagen und -büros getroffen werden. Im Kern geht es um drei Aufgaben von Meetings: 1) operative Abstimmung zu laufenden Arbeiten, 2) Teamabstimmung zu Rollen, Regeln und zukünftigen Aufgaben sowie 3) strategische Entwicklungen und Entscheidungen. Viele agile Arbeitsmethodiken, wie z. B. Scrum, enthalten Vorschläge dazu, wie oft welche Meetings stattfinden und wie sie strukturiert sein sollten. Damit gehören die vielfach anzutreffenden, schlecht vorbereiteten Spontantreffen, an denen viele Personen teilnehmen, wenige reden und nichts entschieden wird, der Vergangenheit an. Die Erfahrung zeigt, dass operative Abstimmungen zu Umsetzungsfortschritten und -hürden ein- oder zweimal die Woche stattfinden sollten. „Strategietreffen" im Sinne einer Überprüfung des bisher Erreichten sowie die Neuausrichtung der zukünftigen Arbeiten einmal im Quartal und grundlegende Teamüberprüfungen mit Festlegung ggf. neuer Rollen und Zuständigkeiten etwa jedes halbe Jahr.

Zuständigkeiten werden in agilen Organisationen nicht als Funktionsbezeichnungen beschrieben, sondern als tatsächlich zu leistende Aufgaben

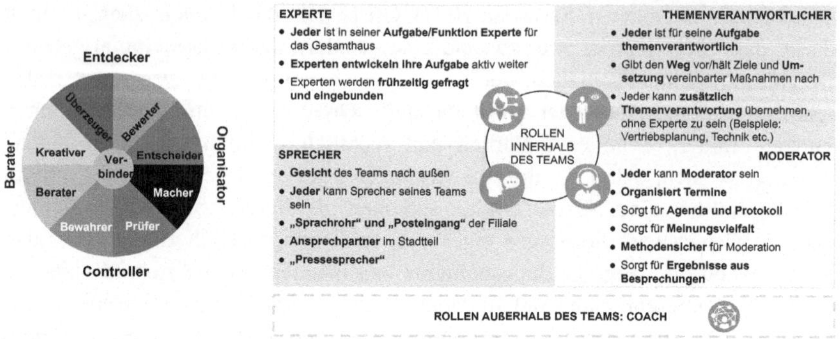

Abb. 4.1 Grundschema Teamrollen und Praxisbeispiel. (Eigene Darstellung)

(vgl. Reilly 2004). Daher gibt es keine „Direktorin für Irgendetwas" oder einen „Referent von Soundso", sondern Rollen- und Aufgabenbeschreibungen, wie etwa „KI-Entwickler für interne Vertragsprüfung" oder „Organisator Kundenreise Einkaufserlebnis Filiale". Die Titel klingen zunächst skurril, wirken aber Wunder, wenn es darum geht, Zuständigkeiten, Aufgaben und Verantwortung klarzustellen. Im nächsten Abschnitt soll daher erklärt werden, wie solche Rollen- und Aufgabenbeschreibungen in einer agilen Organisation systematisch aufgebaut und trainiert werden können (s. Abb. 4.1).

4.2   Digitalkompetenzen und Agilität

Bis 2023 werden 700.000 neue Technologiespezialisten benötigt und 2,4 Mio. der heute Berufstätigen müssen sich gezielt weiterbilden, um in Zukunft benötigte 18 „Digitalkompetenzen" zu erwerben. Das sind zumindest die Ergebnisse einer Studie des Stifterverbands der Deutschen Wissenschaft aus dem Jahr 2018 (Kirchherr et al. 2018). Die dort beschriebenen Kompetenzen kommen mit „Konzeption vernetzter IT-System", „Agiles Arbeiten" oder auch „Adaptationsfähigkeit" noch recht brav daher. Schon deutlich cooler klingen da schon „Digital Process Engineer" und „Partnership Gateway Enabler", wie es eine der weltweit größten Banken, die HSBC, ebenfalls im Jahr 2018 in ihrem Papier zu „Human Advantage: The Power of People" beschreibt. Wie meistens, wenn es gilt viele Studien, Meinungen und neue Wortschöpfungen zu sortieren, lohnt sich ein Blick in etablierte Standards, denn die gibt es selbstverständlich auch für Funktionen und Kompetenzen.

Die meisten Studien über Veränderungen auf dem Arbeitsmarkt, z. B. den Einfluss von Digitalisierung auf den Stellenmarkt oder Jobabbau, beruhen auf dem Standard Occupational Classification(SOC)-System des US-amerikanischen Büros für Arbeitsstatistik (Bureau of Labor Statistics), das ebenfalls im Jahr 2018 zuletzt aktualisiert wurde. Für viele Branchen wurden zudem Funktionsbezeichnungen zum systematischen Vergleich verschiedener Organisationen vorgeschlagen. Internationale Finanzdienstleister orientieren sich zumeist an internationalen Standards wie den Vorgaben des Institute for Employment Studies (IES) in Großbritannien. Diese Standards unterscheiden zumeist fünf Funktionsebenen:

1. allgemeine sowie Kunden-, Unterstützungs- und Spezialistenservices,
2. Kundenberatung/-beziehung, Expertenberatung sowie Personalentwicklung und -führung,
3. Geschäfts- und Themenentwicklung, Personal- und Talentmanagement,
4. Strategieentwicklung und -vorbereitung sowie
5. strategische Führung und Entscheidung.

Auf diese Funktionsebenen sind alle tatsächlichen Unternehmensfunktionen verteilt, bei Banken sind dies über 50 von „Compliance – Schwerpunkt Geldwäsche" bis „Wealth Management – Schwerpunkt Immobilienentwicklung". Eine mittelgroße Bank verfügt leicht über 1200 oder mehr Stellenprofile, in denen Aufgaben, Befugnisse, Qualifikationen, Entwicklungsmöglichkeiten und Vertretungsregelungen genau festgelegt sind.

Agilen Organisationen stellt sich angesichts dieser feingliederigen Struktur die Frage, wie alle Funktionen sichergestellt, bisherige Gehalts- und Besitzstrukturen weitgehend gewahrt werden sowie gleichzeitig so viel Flexibilität wie nötig und möglich geschaffen wird. Denn: Es gibt zwar Beispiele von Unternehmen, in denen die Mitarbeiterinnen und Mitarbeiter über Gehalts- und Urlaubsanspruch selbst entscheiden. Für viele deutsche Unternehmen, insbesondere mit Tarifbindung, gelten jedoch zunächst einmal die Wahrung von Besitzstand und gesetzliche Mindeststandards, um die sich Start-ups und weitgehend ungeregelte neue Firmen, z. B. im Online-Handel, gar nicht kümmern müssen.

Eine Lösung sind kompetenzbasierte Jobfamilien, wie in Abb. 4.2 dargestellt, die Aufgaben und Rollen, aber eben nicht Stellenprofile und Funktionen zusammenfassen. Dabei werden die bereits vorhandenen Standards wieder aufgegriffen, so dass Besitzstandwahrung und Eingruppierung in Tarifgehälter weiter möglich sind.

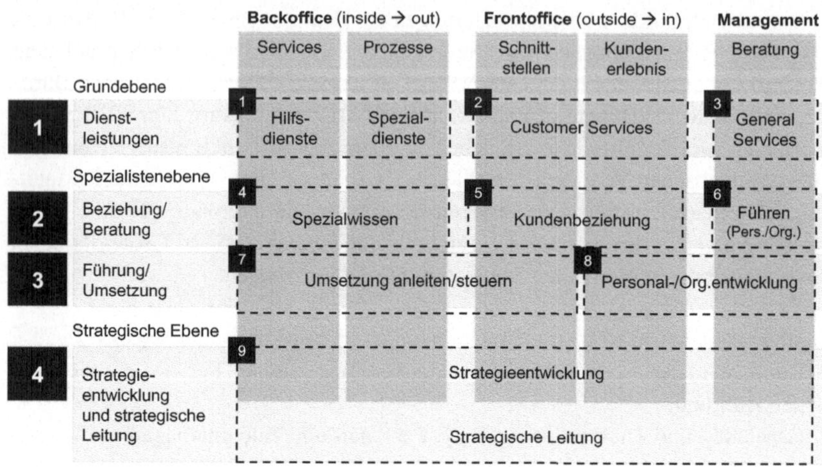

Abb. 4.2 Grundmodell kompetenzbasierte Job-Familien (eigene Darstellung)

Agilität und die dafür benötigten Mitarbeiterkompetenzen sind zwar nicht die oben angesprochenen „Digitalkompetenzen" – aber sie sind weitesgehend deckungsgleich, denn Anpassungs- und Innovationsfähigkeit einer agilen Organisation sollen ja vor allem zur besseren Anpassung an den kontinuierlichen gesellschaftlichen und technologischen Wandel führen (vgl. Klusemann 2003; Pisano 2019). Eine Expertengruppe des Bundesministeriums für Bildung und Forschung (BMBF), an der die Autoren mitarbeiteten, hat 2010 eine Stellungnahme zu „Kompetenzen in einer digital geprägten Kultur" herausgegeben. In diesem Kompetenzmodell standen vier Kompetenzperspektiven im Vordergrund (Schelhowe et al. 2010):

1. Kompetenter Umgang mit sich selbst (Personalkompetenz) mit Wünschen, Bedürfnissen, Glaubwürdigkeit und Schutz von Persönlichkeitsrechten.
2. Kompetenter Umgang mit Situationsanforderungen (Handlungskompetenz) hinsichtlich kreativem Ausprobieren, selbstgesteuertem Lernen und experimentellem, kooperativem Vorgehen.
3. Kompetenter Umgang mit anderen Menschen (Sozialkompetenz) mit Verständnis von Kommunikationsabsichten und -formen, Urheber- und Nutzungsrechten sowie Lern- und Arbeitsgemeinschaften.
4. Kompetenter Umgang mit der Sache (Fach- und Methodenkompetenz) in Bezug auf technisches Verständnis, Anwendungs-know-how sowie der Fähigkeit zu visuellem und sprachlichem Ausdruck

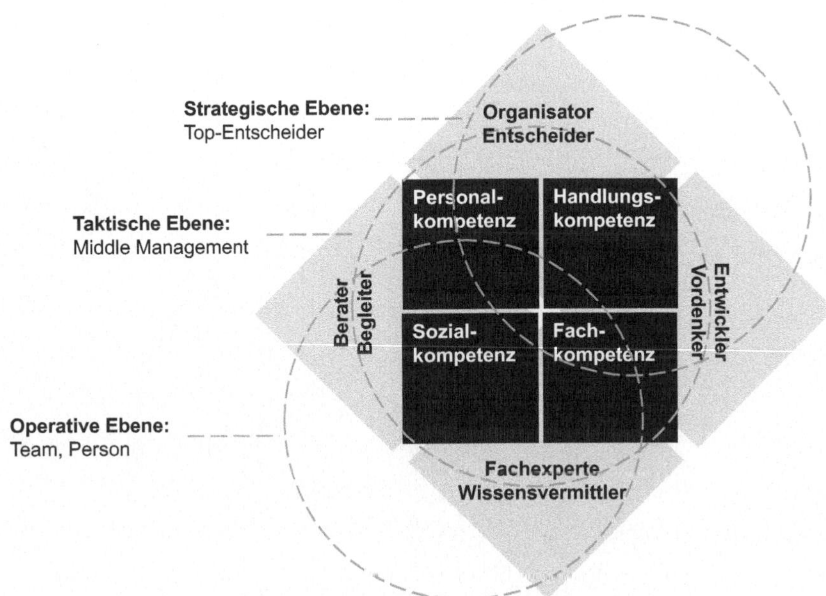

Abb. 4.3   Modell für Kompetenzen in agilen Organisationen

Zusammenfassend ergibt sich ein an den beruflichen Rollen in einem Unternehmen und den zentralen Kompetenzperspektiven orientiertes Kompetenzmodell, wie in Abb. 4.3 dargestellt. In jeder Jobfamilie müssen alle Mitarbeiter alle Kompetenzen mitbringen – aber eben in unterschiedlich starker Ausprägung und unterschiedlicher Betonung: Während das Top-Management vor allem als Entscheider und Vordenker starke Personal- und Handlungskompetenzen mitbringen muss, sind auf der operativen Ebene als Teammitglied, Berater und Spezialist vor allem Fach-, Methoden- und Sozialkompetenzen gefragt.

Nachhaltigkeit und Ausblick 5

Was sollten Sie mitnehmen?
- Die Agilität einer Organisation ist nicht dauerhaft wie eine einmal festgeschriebene Struktur und muss immer weiterentwickelt und gesichert werden, indem z. B. neue Mitarbeiter passend eingearbeitet werden.
- Agile Organisation fördern Selbstverantwortung und Selbstorganisation. Das erfordert mehr und nicht weniger Führung als in herkömmlichen Organisationen, weil nicht durch die Struktur geführt wird, sondern durch persönliches Handeln.
- Agilität einer Organisation ist kein Selbstzweck: Durch Agilität gewonnene und gesicherte Anpassungsfähigkeit muss den Unternehmenszielen dienen.
- Agile Organisationen sind nur ein Zwischenschritt in der weiteren Entwicklung hin zu dezentralen Wertschöpfungsnetzwerken, die sich je nach Bedarf in weitgehend digitalisierten Ökosystem bilden.

Fasst man zusammen, was eine agile Organisation ausmacht, so sind es im Wesentlichen drei Aspekte: 1) anpassungsfähige und flexible Strukturen statt starrer und hierarchischer Organigramme, 2) verteilte Verantwortlichkeiten und Entscheidungen „vor Ort", also dort, wo die meiste Erfahrung und Information ist, statt Entscheidungen „top down" durch wenige Führungskräfte sowie 3) kontinuierliche Verbesserungen, die alles Bestehende jederzeit infragestellen können, um „anfallsartig" große Veränderungsprojekte in Krisensituationen zu vermeiden. Agilität wirkt in einer Organisation auf drei Ebenen: 1) agile Zusammenarbeit bedeutet situative Führung in selbstorganisierten Teams statt „Command & Control" von oben; 2) agile Strategie bedeutet Verantwortungsübernahme und Sinnstiftung durch Transparenz und Klarheit über gemeinsame Ziele und Zielerreichung statt Information als Machtmittel und „politischer Spielchen"; 3) eine agile Struktur erfordert Klarheit

© Springer Fachmedien Wiesbaden GmbH, ein Teil von Springer Nature 2019
J. Hasebrook et al., *Wie Organisationen erfolgreich agil werden*, essentials,
https://doi.org/10.1007/978-3-658-26810-7_5

in Bezug auf Zuständigkeiten und Entscheidungsbefugnissen und erlaubt keine versteckten Vereinbarungen (bzw. „hidden agenda") in einer Schattenorganisation, die neben dem offiziellen Organigramm existiert. Das funktioniert auf Dauer nur durch gemeinsames, stetiges Lernen über alle Grenzen wie Gruppen, Alter, Standort, Qualifikation und Funktion hinweg sowie durch Teilung von Wissen und die Aufgabe von Machtansprüchen.

Die bisherigen Ausführungen haben deutlich gemacht: Agilität ist kein Allheilmittel und eine agile Organisation ist gegen Misserfolg und Scheitern nicht geschützt. Eine Hilfe bei der Auswahl passender Arbeitsmethoden kann die in Abb. 5.1 dargestellte Matrix sein: Sind Zielanforderungen und Umsetzungsmethoden gut bekannt und erfolgreich, gibt es keinen Grund etwas zu ändern. Projektpläne mit Meilensteinen sowie festen Zeit- und Ressourcenplänen haben weiter ihre Berechtigung. Wenn es kompliziert wird und viele miteinander vernetzte Projekte zu steuern sind, setzen bereits heute viele Unternehmen erfolgreich Methoden aus dem Lean Management ein und koordinieren ihre Projektarbeit in einem sogenannten „War Room", also einem Raum als zentrale Anlauf- und Steuerungszentrale, in dem übersichtliche und leicht zu aktualisierende Informationsdarstellungen, z. B. ein „Kanban-Board", helfen, verschiedene Aufgaben und Menschen zu koordinieren. Wenn aber Ziele und Methoden nicht gut festgelegt werden können und häufige Änderungen und Anpassungen vorgenommen werden müssen, dann schlägt die Stunde agiler Methoden, wie z. B. Scrum. Soll die agile Arbeitsweise zudem Kreativität und das Hervorbringen

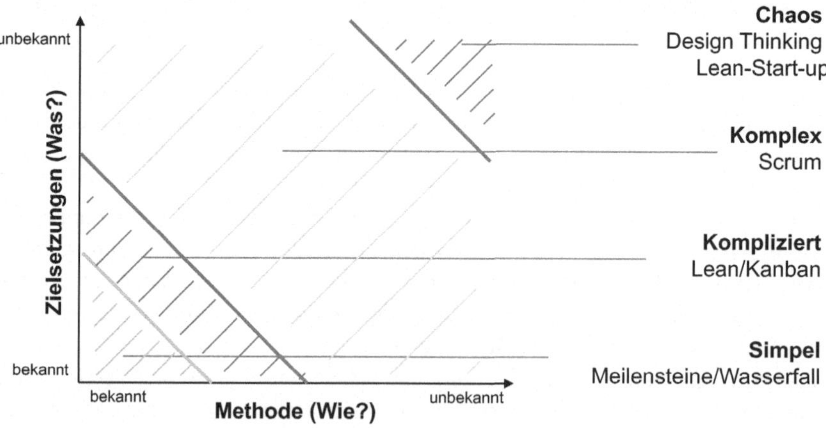

Abb. 5.1 Entscheidungsmodell: agil oder nicht? (abgewandelte Stacey-Matrix nach Stacey 1996; Snowden et al. 2003, 2007)

neuer Ziele und Methoden unterstützen, helfen weitere agile Arbeitsmethoden wie Design Thinking weiter.

Agile Organisationen werden nicht einmal agil und bleiben es dann. Vielmehr muss die Agilität immer wieder aufs Neue erarbeitet, abgesichert und verbessert werden. Nur so kann verhindert werden, dass einmal mühsam eingeübte Formen der Zusammenarbeit nicht in Routine erstarren und somit nur eine starre Organisation durch eine andere ersetzt wird. Das geht leichter, als man denkt: Es ist schließlich egal, ob ein Fachbereich „Fachabteilung" oder „Chapter" heißt oder eine Kundeneinheit „Vertriebsregion" oder „Squad". Agil macht nicht die Struktur, sondern die Haltung zur eigenen Verantwortung sowie Zusammenarbeit und Entscheidung im Team. Aus diesem Grund sind Maßnahmen zur nachhaltigen Ergebnissicherung so wichtig. Aus unserer Erfahrung helfen dabei folgende Ansätze:

Implementierung der Rolle „Agile Coach" und Ausbildung interner Coaches
„Agile Coaches" begleiten Individuen, Teams und Organisationen in ihrer Veränderung im Rahmen der agilen Transformation unter Berücksichtigung der agilen Grundsätze. Auf dem Weg zur digitalen Transformation und steigender Agilität können Teams, je nachdem wie weit man gehen möchte, mehr und mehr Aufgaben übernehmen, die zuvor Führungskräfte übernommen haben. Durch den „agilen Coach" entsteht eine Rolle außerhalb des Teams, die die Zusammenarbeit, unabhängig vom Grad der Selbstorganisation und Agilität des Teams, verbessern kann. Er steht dem Team als neutraler Partner zur Seite. Neben dem Fokus auf Befähigung, übernimmt er Aufgaben wie Konfliktbewältigung, unterstützt die Feedbackprozesse oder vermittelt agile Methoden.

Rollen und Meetings verbindlich machen
In der agilen Welt gibt es einen klaren Anspruch an Rollen und Meetings. Angelehnt an Scrum können diese z. B. „Product Owner" oder „Scrum Master" sein und Meetingformate wie „Sprint Planning", „Review" und „Retrospektive". Deren Einhaltung und konsequente Umsetzung sollte verbindlich gemacht und kontrolliert werden.

Durchführung neuer Formate
Die Durchführung von Formaten, die zu permanenter Hinterfragung und kreativer Beschäftigung mit der Zukunft führen, sichert ebenfalls die Anpassungsfähigkeit. Innovationsworkshops und „Trendscouting" sowie der Besuch und Austausch anderer Unternehmen oder Institute sind hierfür Beispiele. Hierbei sollten auch regelmäßig Kunden eingebunden werden.

Stetige Arbeit an der Kultur

Nach dem Start einer „agilen Organisation" ist stetig weiter an der Kultur und dem Mindset eines jeden Einzelnen zu arbeiten. Hierbei helfen zum Beispiel in den Teams eingeführte und konsequent umgesetzte Feedbackprozesse.

Messen des Agilitätsgrades

Mithilfe einfacher Mitarbeiter- und Kundenbefragungen kann man seinen Agilitätsgrad regelmäßig messen und Lücken sowie Entwicklungen identifizieren. Man kann dazu etablierte Methoden aus der Marktforschung, wie z. B. dem „Net Promoter Scores" (NPS), nutzen.

Transparenz des Erreichten und Nicht-Erreichten

Erfolge auf dem Weg, aber auch Fehler und Fehlschläge sind transparent zu machen, um gemeinsam daraus Verbesserungen abzuleiten, denn in einer agilen Organisation ist nichts in Stein gemeißelt.

Exkurs

Beyond Agility: Agilität ist keine Wunderwaffe und kein Chamäleon

Viele Unternehmen, die Erfahrungen mit agilen Arbeitsformen und Organisationsstrukturen gemacht haben, bemerken, dass viel Kraft und Kreativität in neue Produkte und Dienste gesteckt wird, aber bestehende Prozesse und Produkte vernachlässigt werden. Ein weiteres Problem ist, dass bei aller Sinnstiftung eine klare Zielorientierung und Priorisierung von Vorhaben verloren gehen kann. So widersinnig das zunächst erscheinen mag: Mehr Anpassungsfähigkeit, Kreativität und Innovationskraft in einer agilen Organisation braucht mehr, nicht weniger Führung. Nur ist diese Führung eben nicht mehr in „verliehener Autorität" durch das Amt begründet, sondern vielmehr in der Überzeugungsfähigkeit, Marktkenntnis und Entscheidungsfähigkeit, also der Fähigkeit Wichtiges von Unwichtigen unterscheiden zu können (vgl. z. B. Cummins und Worley 2015).

Der Vorstand eines Finanzdienstleisters berichtete uns, nachdem wir dort agilen Arbeits- und Kooperationsformen eingeführt hatten, dass die Teams darum wetteiferten, neue Produkte und Dienste zu erfinden, sich aber kaum noch jemand um die Verbesserung der internen Abläufe kümmern wollte. In hierarchischen Organisationen hätte der Vorstand nun einfach Anweisungen erteilen können – und hätte Selbstverantwortung und Kreativität der Mitarbeiterschaft untergraben. In der neuen agilen Organisation musste der Vorstand mehr Gespräche führen, überzeugende Argumente finden und den Teams die Verantwortung für die konkrete Umsetzung überlassen. Auf diese Weise wurden nicht nur die internen Prozesse besser, sondern auch die Fähigkeit der Teams, sich auf Wichtiges zu konzentrieren, und die Entscheidungsfähigkeit im Unternehmen verbessert.

Agilität erhöht die Anpassungsfähigkeit und kann damit die Widerstandskraft eines Unternehmens erhöhen, wenn sein wirtschaftliches „Ökosystem" ebenfalls an Kraft gewinnt. Immer mehr und immer schnellere Anpassung ist allein noch kein Erfolgsrezept. Ganz im Gegenteil: Ohne sinnstiftende Vision als Kompass sind immer neue Anpassungen sinnlos, das Unternehmen verkommt zum Chamäleon ohne erkennbare Kontur. Denn dies ist der zweite Grund, warum eine agile Organisation mehr innere und entschlossene Führung braucht als eine herkömmliche, hierarchische Struktur: Rigorose Konsequenz bei Fehlverhalten, null Toleranz für Inkompetenz und ein klarer Bezug zu Unternehmenszielen müssen eine Balance bilden mit den Freiräumen für kreatives Denken, der Fehlertoleranz beim Ausprobieren neuer Ideen und Stärkung der Selbstverantwortung.

Die agile Organisation markiert nicht das Ende der Entwicklung von Organisationsformen: Was mit klassischen Hierarchiepyramiden, Linien- und Matrixorganisationen begann, ist nicht mit agilen und vernetzten Organisationen zu Ende. Aber es zeigt aus unserer Sicht Entwicklungslinien auf: Organisationen müssen den permanenten Wandel unterstützen; erweisen sie sich als Hemmschuh, sterben sie aus. Und: Organisationen wandeln sich von wertschöpfenden Zwangsgemeinschaften zum Broterwerb zu sinnstiftenden Gemeinschaften, die in Netzwerken sozialen und wirtschaftlichen Wert schaffen. Wertschöpfung ist dann das Ergebnis der Zusammenarbeit, nicht das eigentliche Ziel. Organisationsgrenzen lösen sich aus wirtschaftlicher Sicht auf und gehen in Wertschöpfungsnetzwerke über. Kein Unternehmen kann allein und ohne „digitales Ökosysteme" auf Dauer überleben. Dennoch lösen sich Organisationen nicht auf, weil Menschen nicht (oder zumindest nicht auf Dauer) als frei verplanbare Ressource in ständiger Konkurrenz zueinander und mit den neuesten Automatisierungstechnologien vorübergehend Aufgaben übernehmen. Organisationen werden Orientierungspunkte und Sinnstifter in einer immer schwerer vorhersehbaren und steuerbaren Umwelt. Ein Vorstandsvorsitzender einer Sparkasse, die ihre althergebrachten Hierarchien zugunsten von agilen Netzwerkstrukturen abbaute, zitierte den Managementautoren Gary Hamel mit den Worten: „Für traditionelle Unternehmen ist der Weg zur Selbstorganisation lang und beschwerlich. Doch am Ende des Weges steht eine Organisation, die hocheffektiv und zutiefst human ist", und schloss an: „Da wollen wir hin!"

Was Sie aus diesem *essentials* mitnehmen können

Nach den Arbeitsmethoden werden nun ganze Unternehmen „agil". Schlagworte sind „Selbstorganisation", „doppeltes Betriebssystem" und „Holokratie". Das Erfolgsgeheimnis agiler Organisationen ist jedoch nicht eine ganz bestimmte Organisationsform, sondern die Fähigkeit, bestehende Prozesse und Strukturen fortwährend infragezustellen und den sich immer schneller wandelnden Kundenansprüchen und Marktumfeldern anzupassen.

Zunehmend belegen Studien, dass agile Organisationen Vorteile gegenüber herkömmlichen haben: Sie wachsen schneller und sind mit höherer Wahrscheinlichkeit erfolgreich. Und: Agile Projekt führen meist schneller, mit höherer Qualität und geringeren Kosten zu Ergebnissen als herkömmliche Projektverläufe nach festen Plänen und Vorgaben.

Eigene Forschung und die Erfahrung aus zahlreichen Projekten haben uns gezeigt, dass …

- alle Unternehmensbereiche ein „agiles Mindset" brauchen, aber nicht alle umfassende, agile Arbeitsmethoden. Gut strukturierte und wenig veränderliche Routinen sollten auch weiterhin nach bewährten Prozessstandards bearbeitet werden;
- der Nutzen durch Agilität nur dann entsteht, wenn sich die Organisationsform den Erfordernissen immer neu anpasst: Wenig Struktur und viel Wechsel in Kreativphasen, enge Vernetzung in Lernphasen und effiziente Strukturen in Produktivphasen; dabei können unterschiedliche Bereiche einer Organisation zur selben Zeit in verschiedenen Phasen sein;

© Springer Fachmedien Wiesbaden GmbH, ein Teil von Springer Nature 2019
J. Hasebrook et al., *Wie Organisationen erfolgreich agil werden*, essentials,
https://doi.org/10.1007/978-3-658-26810-7

- der Weg zur agilen Organisation selbst agil sein muss: Weil mehr Anpassungsfähigkeit nicht durch eine bestimmte Struktur, sondern nur durch das Erlernen, Einüben und Verinnerlichen agiler Werte und agiler Methoden entsteht, geht jede Organisation ihren eigenen Weg; wichtig sind dabei die Beachtung agiler Grundprinzipien und Maßnahmen zur Sicherung eines nachhaltigen organisatorischen Wandels.

Die Grundprinzipien einer agilen Organisation haben wir in Form eines „Diamanten" zusammengefasst (vgl. Abb. A.1):

- Im Kern stehen der Sinn und die Leitprinzipien einer agilen Organisation als die zentralen Werte, an denen sich alle orientieren können. Sie erlauben es, die eigene Arbeit als sinnvoll zu erleben und den gesellschaftlichen Nutzen der Organisation nach innen zu verstehen und nach außen darzustellen.
- Zentral dafür ist ein Menschenbild, dass von Vertrauen in Mitarbeiterkompetenzen, Ganzheitlichkeit durch die Betrachtung aller menschlichen Facetten, positive Feedbackkultur, faire Entwicklungsmöglichkeiten und Vergütung geprägt ist.
- Ebenso wichtig ist ein verändertes Führungsverständnis, das auf Vertrauen statt auf Kontrolle, Führungsrollen als Coach und Mentor sowie echte Entscheidungsmacht in Teams durch Selbstorganisation und entsprechende Entscheidungsprozesse beruht.

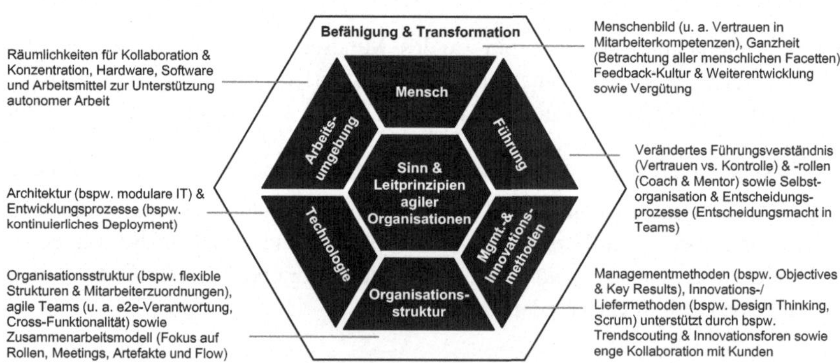

Abb. A.1 Zusammenfassung der Grundprinzipien einer agilen Organisation in Form eines „Diamanten". (Eigene Darstellung)

- Führung und Zusammenarbeit braucht agile Instrumente und Managementmethoden, wie beispielsweise „Objectives & Key Results" (OKR) statt starrer Zielvorgaben, eingeübte Innovations- und Entwicklungsmethoden wie „Design Thinking" und „Scrum" sowie ein sich stetig verbesserndes Kunden- und Marktverständnis, z. B. durch Trendscouting und Innovationsforen, in enger Zusammenarbeit mit den Kundinnen und Kunden.
- Organisationsstrukturen müssen Agilität ermöglichen und unterstützen, statt sie zu behindern. Dazu gehören flexible Strukturen und Mitarbeiterzuordnungen, agile Teams mit umfassender Eigenverantwortung sowie ein agiles Zusammenarbeitsmodell mit Fokus auf Rollen, Meetings, Teaminstrumente und „Flow" in der Umsetzung von Aufgaben (z. B. als „Sprint").
- Schließlich muss die Infrastruktur Agilität verbessern, statt sie zu behindern. Dies betrifft eine modulare, leicht anpassbare IT-Architektur und agile IT-Entwicklungsprozesse in Form von kontinuierlichen Anpassungen und Verbesserungen statt abrupter Versionswechsel in größeren zeitlichen Abständen. Dazu gehören aber auch Räumlichkeiten, die Kollaboration und Konzentration fördern, sowie Hardware, Software und ganz allgemein Arbeitsmittel, die autonomes Arbeiten in Teams unterstützen.

Literatur

Albrecht, J. C. (2014). *Einfluss der Projektmanagementreife auf den Projekterfolg.* 2014, Dissertation, Universität Kassel. https://www.gpm-ipma.de/know_how/studienergebnisse/projektmanagementreifegrad_und_projekterfolg.html. Zugegriffen: 7. Mai 2019.

Aulinger, A. (2017). *Roadmap Organisation. Ein Wegweiser für Studierende und Führungskräfte.* Stuttgart: Steinbeis Edition.

Bea, F., & Göbel, E. (2010). *Organisation – Theorie und Gestaltung* (4. Aufl.). Stuttgart: Lucius & Lucius.

Bloom, N., Lemos, R., Sadun, R., Scur, D., & Van Reenen, J. (2014). New empirical economics of management. *Journal of the European Economics Association, 12*(4), 835–876.

Braun, D., & Kramer, J. (2018). *Corporate Tribe Corporate Tribe: Modelle und Werkzeuge für Führung, Management und Organisation.* Stuttgart: Schäffer-Poeschl.

Cummings, T. G., & Worley, C. G. (2015). *Organization development & change.* Stamford: Cengage Learning.

Ebert-Karroum & Novakovic. (2010). Business Case für Agilität. Business Technology.

Gloor, P. A., & Colladon, A. F. (2015). Measuring organizational consciousness through E-Mail based social network analysis. In *Proceedings of the 5th International Conference on Collaborative Innovation Networks COINs15, Tokyo, Japan.* arXiv:1502.01142.

Hall, D. (2007). Fail fast and fail cheap, Bloomberg. www.bloomberg.com/news/articles/2007-06-24/fail-fast-fail-cheap. Zugegriffen: 7. Mai 2019.

Hamel, G. (2007). *The future of management.* Boston: Harvard University Press.

Hasebrook, J., Dohrn, S., & Jablonowksi, J. (2011). Diversitymanagement in Innovationsprozessen. In E. Barthel, A. Hanft & J. Hasebrook (Hrsg.). *Integriertes Kompetenzmanagement* (S. 33–69). Muenster: Waxmann.

Hasebrook, J., Zinn, B., & Schletz, A. (2018). *Lebensphasenorientiertes Kompetenzmanagement. Ein Leben lang kompetent.* Heidelberg: Springer.

Heilmann, P. (2018). Agile HRM Practices of SMEs. *Journal of Small Business Management,* 10/2018. DOI 10.1111/jsbm.12483.

HSBC HR Group (Hughes S). (2018). Human Advantage: The Power of People. HSBC. https://www.hsbc.com/-/files/hsbc/media/media-release/2018/180705-human-advantage-report.pdf. Zugegriffen: 10. Apr. 2019.

Katayama, H., & Bennet, D. (1999). Agility, adaptability and leanness: A comparison of concepts and a study of practice Int. *Journal Production Economics, 60–61*, 43–51.

© Springer Fachmedien Wiesbaden GmbH, ein Teil von Springer Nature 2019   47
J. Hasebrook et al., *Wie Organisationen erfolgreich agil werden,* essentials,
https://doi.org/10.1007/978-3-658-26810-7

Kirchherr, J., Klier, J., Lehmann-Brauns, C., & Winde, M. (2018). *Future Skills: Welche Kompetenzen in Deutschland fehlen*. Essen: Stifterverband der Deutschen Wissenschaft.

Klusemann, J. (2003). *Typologie der Innovationsbereitschaft. Messungen und Erklärungen der Innovationsbereitschaft und Gruppen und Organisationen*. Schriften zur Arbeitspsychologie Nr. 62. Bern: Huber.

Laloux, F. (2016). *Reinventing organisations: Ein Leitfaden zur Gestaltung sinnstiftender Zusammenarbeit*. München: Vahlen (derselbe Reinventing Organizations visuell: Ein illustrierter Leitfaden sinnstiftender Formen der Zusammenarbeit).

Lee, G., & Xia, W. (2010). Toward agile: An integrated analysis of quantitative and qualitative field data on software development agility. *MIS Quarterly, 34*(1), 87–114.

Martin, R. L. (2019). The high price of efficiency. *Harvard Business Review*, January–February, 42–55.

Mulgund, S. (2010). Agility and interoperability for 21st Century command and control. *Special Issue The International C2 Journal, 4*(1), 1–33.

Pisano, G. P. (2019). The hard truth about innovative cultures. *Harvard Business Review*, January–February, 62–71.

Pommeranz, I. (2011). Komplexitätsbewältigung im Multiprojektmanagement. Die Handlungsperspektive der Multiprojektleiter. Dissertation Universität Augsburg. www. forschungsnetzwerk.at/downloadpub/2011_Dissertation_Inna_Pommeranz.pdf. Zugegriffen: 7. Mai 2019.

Reilly, P. (2004). *Job families: An integrating approach to reward and development? Institute for Employment Studies*. Institute for Employement Studies (IES): Brighton.

Ritter & Marburger. (2012). Agile Methoden einführen – ist das rentabel? Projektmagazin.

Sætren, G. B., & Laumann, K. (2017). Organizational change management theories and safety – A critical review. *Safety Science Monitor, 20*(1), Article 2, 1–10.

Schelhowe, H., Grafe, S., Herzig, B., Koubek, J., Niesyto, H., vom Berg, A., Coy, W., Hagel, H., Hasebrook, J., Kiesel, K., Reinmann, G., & Schäfer, M. (2010). *Kompetenzen in einer digital geprägten Kultur – Medienbildung für die Persönlichkeitsentwicklung, für die gesellschaftliche Teilhabe und für die Entwicklung von Ausbildungs- und Erwerbsfähigkeit*. Berlin: Bundesministerium für Bildung und Forschung (BMBF).

Snowden, D. J., & Boone, M. E. (2007). A Leader's framework for decision making. *Harvard Business Review, 11*, 69–76.

Snowden, D. J., & Kurtz, C. (2003). The new dynamics of strategy: Sense-making in a complex and complicated world. *IBM Systems Journal, 42*(3), 462–483.

Stacey, R. (1996). *Complexity and creativity in organizations*. San Francisco: Berett-Koehler.

Taleb, N. N. (2018). *Skin in the game: das Risiko und sein Preis*. München: Penguin.

Van den Ven, A. H., Angle, H. L., & Poole, M. S. (Hrsg.). (2000). *Research on the management of innovation: The Minnesota studies*. Oxford: Oxford University Press.

Wen, Q., Qiang, M., & Gloor, P. (2018). Speeding up decision-making in project environment: The effects of decision makers' collaboration network dynamics. *International Journal Project Management*, doi.org/10.1016/j.ijproman.2018.02.006.